味なメニュー

平松洋子

幻冬舎

目次

装　丁　芥陽子
カバー撮影　日置武晴（表1）、小境勝巳（表4）
カバー写真　東京「甚六」（表1）、水道橋「とんがらし」（表4）
撮　影　日置武晴（P13〜55, 105, 177〜209, 245）
小境勝巳（P63〜79, 127〜163, 225〜227）
初　出　「GINGER L.（ジンジャーエール）」1号〜18号

シチューと煮込み

東銀座「歌舞伎座」の裏手に、ひとつのメニューを看板にする店がある。ビーフシチューとごはん、漬け物を出す「銀之塔」だ。

昭和三十年創業以来、ずっと東銀座のおなじ場所。初めて暖簾《のれん》をくぐったのはたしか三十一年前で、土鍋に盛った熱いビーフシチュー、ごはん、漬け物の組み合わせに驚かされた。手間ひまかかった丁寧な味なのに、ごはんと漬け物の存在がビーフシチューをぐんと気やすくしているところがさすが東銀座だなあと感嘆したのである。それから続けて何度か通ったあと間が空《あ》き、つぎに足を運んだときは七、八年経《た》っていた。そのとき、行きたいけれど行きたくない、食べたいけれど食べるのがこわい、そんな思いに駆られたのを昨日のことのように覚えている。内心少し怖《お》じ気《け》づいたのだ。あのお膳の様子が変わっていたらどうしよう――。しばらくぶりに足を向ける客というのは勝手なもので、自分のなかでたしかなものとして根づいている思いにこだわってしまう。

きょうも「銀之塔」はなにも変わってない。歌舞伎座の裏手、路地の風景に溶けこんだ蔵の外観。小ぶりの群青色の暖簾にくっきりと白抜きの文字「銀之塔」。鴨のマーク。入り口を入ると、すぐ右手にちんまりとしたテーブルが二卓、左手に畳敷きの小上がり。先客が、れんげですくったシチューをふうふうと口に運んでいる。壁にはおなじみのメニューが並ぶ。

シチュー　ミックス　2600円
ビーフ
野菜
大盛りシチュー　2900円
グラタン　1900円
ミニセット（シチュー・グラタン）　3800円

わたしはいつも「ミックス」を注文する。牛肉と牛タン、二種類を盛り合わせたシチューなのだが、なんといっても「銀之塔」の立役者は、土鍋である。くつくつ中身が煮えたぎる土鍋に意表を突かれ、いやがうえにも祝祭感が盛り上がる。ここはなぜかひとりで来ることが多いのだけれど、その祝祭感を独占して、いつも含み笑いをしたくなる。

お膳の上の土鍋は、とろりと光沢のうつくしいブラウンの輝かしい艶《つや》に充ちている。にんじんの赤、じゃがいもの白、玉ねぎの透明感、二種類の肉の存在感に目がよろこび、いそいそとれんげに手を伸ばす。隣には、これもまた艶々に光るごはん。小皿にきゅうり、かぶ、だいこんの手製のぬか漬け。小鉢は三つ、切り干しだいこん、ひじきの煮物、ぜんまいの炒め煮。ニッポンの洋食である。

「わたしたちで三代目になりますが、引き継いだ二十年前は千三百円でした。いま二千六百円で、値段を上げず十年以上やっております。そのほかはなにも変わっていません。土鍋でお出しするスタイルは初代のときからですし、味もおなじです。お客さまも、三代に亘《わた》っていらしてくださる方をはじめ長い方がほとんどで、逆になにも変わらないことが大切かなと思っております」

いま「銀之塔」を守る三代目店主は高野辰明さん。じつは、「銀之塔」のシチューは、初代のときつくり上げられた完成形というべきものである。初代は平井光子。昭和三十年、現在の場所のすぐ隣で小さな店を開き、手狭になったのをきっかけに、もと洋服屋の蔵を借りて店を移した。以来ずっとここ。そのもと洋服屋の主人が、現在のオーナー、高野さんである。初代が高齢で亡くなったあと二代目をその妹さんが引き受け、八十の高齢で引退。店は閉じるかと思われたが、いや、それはもったいないと話が持ち上がって、土地の所有者である高野さんが「銀之塔」を引き継ぐことになったのが二十年前のこと。くわしいことはわからないのですが、と前置きして、長年店を預かっている山内由起子さんは話す。

「先代の團十郎さん、歌右衛門さんほか歌舞伎役者の方々、久保田万太郎さん、舟橋聖一さんなど文士の方々も贔屓《ひいき》になさったようで、歌舞伎座の楽屋にもお届けしていたようです。わたしは近所で甘味屋を手伝っていましたので、ときおり舟橋聖一さんが杖をついていらっしゃる姿を拝見していました。歌右衛門さんとはとくに懇意にさせていただいていたようで、歌舞伎座にお弁当をつくってお届けしていたと聞いています。いまでもうちが演舞場さんと歌舞伎座さんだけ出前をしているのも、そのご縁からです。店の名前にしても、フランスにトゥール・ダルジャンというレストランがあることを初代に教え、店の名を和名『銀之塔』と名づけたのも、そういうおつきあいを通じてのことだったのではないでしょうか。暖簾も、鴨のマークもずっとむかしからのものです。おばちゃん（平井光子）は夏でもぴちっと着物を着ていて、ほんとうにすてきで粋《いき》なひとでした」

昭和三十年に「銀之塔」とは、洒落《しやれ》たネーミングである。じっくり煮こんだビーフシチューと「銀之塔」。ただハイカラというのではない、想像力に翼が生えて羽ばたいてゆくような自由な感覚を覚えて忘れがたい。

それだけではない。シチューといえばホテルやレストランで味わう特別な料理だった時代、しかも半世紀以上も前に、うつわは土鍋、ごはんと漬け物を添えるという創意工夫に驚かされる。山内さんは「歌舞伎座に出前をするとき、冷めにくくするため」という工夫だったと思います、と言う。いずれにしても、さんざん試行錯誤を重ねてたどりついたかたちではなく、最初からその後の半世紀を支える完成形だった、そのことが驚嘆に値するのである。

レシピは、数字で残されているわけではない。口伝えでバトンを渡され、厨房で教え、教わりながら伝えられ続けてきた。

「わたしが初めてシチューをいただいたのは、初代のおばちゃんのときです。たしかまだ二十代で、出前で取って自分のうちで食べたと思うのですが、ほんとうにおいしくて、こんなシチューがあるんだとびっくりしたものです。いまだに、当時の味を覚えていますよ。久しぶりにいらしてくださるお客さまも、『三十年ぶりに来たけど、まったく味が変わってない』と感激してくださったり、『久しぶりで来たけど、じゃがいもの形がなつかしい』と言ってくださったり、映画監督の小津安二郎さんもよく通ってくださっていました。むかしからの常連さんがたくさんいらっしゃって、少しでも味が変わるとすぐ反応があります。おかげさまでいまは落ち着いておりますけれど、三代目として受け継いだころはずいぶん研究を重ねたものです。今日の味があるのは長年のお客さまのおかげですね」

厚手の土鍋になみなみ盛られた「銀之塔」のシチューは、こっくりと濃度のあるブラウン色だが、れんげですくうと、意外なくらいさらりとしている。おかわりをしてぺろりと二人前を平らげる年配者がいるという話にも納得する。しかし、ただあっさりしているのではない。まとわりつくものがないすっきりとした軽やかさ、その奥にあるこくが深い。それは、ごはんとの相性をだいじにして計算をほどこした独自の軽さだ。

ごはんといっしょに味わうビーフシチュー、この気取りのなさがいい。とろんと煮こんだ牛肉や牛タンのかたまりは、箸でそのまま切れる。シャトー形に切ったじゃがいも、にんじん、彩りを添えるさやえんどう。ときどきごはんといっしょに食べると、シチューのこくがごはんの甘みを引き立てる。お客さんの食べかたもそれぞれだ。一杯めのごはんはそのまま、二杯めはシチューをかけて。かと思えば、最後のほうになると、土鍋のなかへごはんを入れて、たっぷりまぶして味わうひともいる。だから、ごはんは「銀座盛り」。ふわっと控えめに盛って、何度でもおかわりをどうぞ、というのが「銀之塔」の流儀である。

十二年間、厨房を預かっている店長、勝又武昭さんにとって、「銀之塔」のシチューの味には、こうと決めた明確な輪郭がある。

「デミグラスソースはつくるのに三日かかりますし、肉も、煮こんだあと、さらに冷蔵庫で寝かせます。むかしながらの洋食のつくりかたといいますか、フランス料理のフォンドボーやコンソメをつくるのとも違っていて、本来の洋食、つまりごはんといっしょに食べることを前提にした味なんです。隠し味がなにかあるわけでもなくて、先代から受け継いだ素朴な味を目指してつくっています。あくまで素材のうまみを百%引き出すやりかたです」

「銀之塔」のシチューは、毎日大型の寸胴鍋《ずんどうなべ》で仕込む。主役の材料は牛肉、牛タン、牛テール。だしにテールを使うと、深みとまろやかさが出るし、ゼラチンが溶け出してとろみも加わる。ひと鍋三十人分として、テールは二キロを使う勘定だ。野菜はにんじん、玉ねぎ、セロリ、にんにくなど。ほかにトマトピュレ、ローリエなどのスパイス類。野菜はあらかじめよく炒めてから、玉ねぎも三十人分の寸胴鍋ひとつに対して十個ほど、薄切りにしてよく炒め、じっくりと甘みを引き出してから使う。できあがったソースはいったん漉《こ》し、ふたたび火にかけ、かき混ぜ、また火にかける。しじゅう丁寧にあくを取りながらこれを繰りかえし、全工程は合計三日くらいにおよぶ。寝かせた肉は、おしまいに外側をぜんぶ削ってきちんと成形しておく。注文が入ったら、準備万端調《ととの》えておいたデミグラスソースと肉を土鍋に入れて火にかける——きちんとつくる洋食には手間ひまという価値がたっぷり含まれているのである。

シチューは、火の塩梅《あんばい》と時間が味を左右する料理である。家庭なら、素材の量や火加減によってそのときどき味が変わるのも一興だけれど、味を売りものにする店では、そうはいかない。ましてや、二代三代に亘る常連客の多い「銀之塔」のような店ではとくに。味そのものを預かる勝又さんにとって、「変わらない味」を持続させることが最大の課題なのだった。

「進歩しなくてはならないという意識は当然ありますが、と同時に五十五、六年のあいだには肉や野菜の味の変化もあります。厨房の設備にしても格段に進化していますから、百%おなじ味は不可能なわけです。また、もっと〝おいしく〟しようと思えば、そのようにできる。でも、それを『銀之塔』のお客さまに出してはいけない。『銀之塔の味じゃない』と言われたらだめなんですよね。うちは、二、三十年ぶりにいらっしゃるお客さまはざらですし、毎週通ってくださる方もいらっしゃいます」

みな「銀之塔」の味を目指して足を運んでくるのだから、味覚の集中力は高まるし、微妙な味の変化にも敏感になる。この店で厨房を預かることになる以前、お客として足を運んだことのある勝又さんは、「メニューがひとつしかないなんて、ずいぶんマニアックな店だなあ」と思ったというが、それは、創業当時から保たれてきた味の存在感への実感でもあったろう。

「ホールに出て接客もしますので、長年のお客さまが『相変わらずおいしいね。昔と変わらないね』『ほかのは甘ったるくて、しつこくて食べられないけれど、ここの味なら』などとおっしゃってくださる、やっぱりそのひとことがうれしいんです。お客さまが『銀之塔』の暖簾を守ってくれてるんだなぁ、と痛感します。僕らが一生懸命に暖簾を守ってるんじゃなくて、お客さまが守ってくれている。だって、お客さまがあってこその商売ですから」

子どものころ、親に連れられて来たというひと。三代に亘る歌舞伎役者のご贔屓。地方に嫁いで里帰りしたとき、東銀座がなつかしくなってふらりと寄ってみたというひと。歌舞伎を観に来た帰りにかならず寄るひと。「変わらない味」を求めているお客さまに日々接していることが、「変わらない味」を育てているのだろう。山内さんは言う。

「夏場にひまなときなど、なにか新しいメニューを考えたほうがいいのかなと迷ったこともあるんです。でも、どうにかやっていけるうちは、やっぱり変えずにこのままいこうと。変えることで『銀之塔』のよさが変わってしまうのがこわいのです」

半世紀と少し前、東銀座の一角で通人、粋人たちに愛されていた初代、平井光子のすがたを思い浮かべる。世に先駆けて考案したたったひとつのメニューはこうしていまもなお愛され続けている。


じっくり時間をかけて煮こんだ煮込み料理は、もうそれだけでそそられる。居酒屋のメニューにしてもおなじで、品書きのなかに「煮込み」の文字を発見すると、思わず口のほうが先に動いて注文してしまう。牛すじやホルモンをじっくり煮こんだ、小さな熱い一品。ぬくぬくとあったかくて、時間がかかっているのに安くて、そのぶんありがたい。おまけにどんな酒にも合うし、待たずにすぐ出てくるから、せっかちな酒呑みにもうれしい。その店ごとに味わいが違うのも楽しくて、煮込みは居酒屋の屋台骨のひとつだと実感する。

13　　シチューと煮込み

大正十四年創業、森下「山利喜」の煮込みは店の大看板である。なにしろ開店五時を待ちかねて、あっという間に店内を満席にした客のほとんどの目当てがこれ。「山利喜」と聞けばまっさきに思い出すほどの名物である。品書きのなか、この三行はさすがの存在感だ。

煮込み　580円
煮込み玉子入り　630円
ガーリックトースト（煮込みにどうぞ）　300円

「山利喜」の煮込みは牛シロ（小腸）に八丁味噌やワイン、セロリやパセリの茎などのブーケガルニをくわえて鋳物の大鍋で長時間ことこと煮こんだもの。本店でも別館でも、ちゃんとお客から見える場所で「山利喜」の守護神のように火にかかっている。運ばれてくるときは、片手にのっかるくらいの小さな厚手の土鍋でぐつぐつ煮えたぎりながら。本来は柳川鍋に使う土鍋である。鍋敷きがわりは高さ二センチの金属の手付き輪っか。この独創的な風景が自分の目の前に展開すると、さあうまい酒を呑むぞと手ぐすね引いているお客の昂揚感はいや増す。まんなかにこんもり刻みねぎ、ちょちょっと七味唐辛子を振りかけてから煮込みの一片を箸で取りあげ、口に運んで嚙《か》む。じゅんわりと脂が染み出て、まろみが広がる。むにむに、くいくい、歯ごたえの楽しい皮の弾力。一片の煮込みがもたらす千変万化は、まことに座持ちがい

い。そして、冷えたビールをきゅっ。たまらない。

継ぎ足し、継ぎ足し、営々六十年の味である。現在三代目主人・山田廣久さんが引き継いだ煮込みは、まだ山田さんが生まれていないころ、父、要一が考案した赤味噌とザラメでつくる味。初代、つまり祖父の利喜造が創業した店はすぐ隣の桜鍋「みの家」の先にあったが、昭和二十年三月十日の東京大空襲で利喜造が亡くなり、店も丸焼けになった。現在の場所に店を移し、なにもないところから二代目の「山利喜」を育てた父は、それこそ身ひとつで苦労を重ねた。当時のメニューは焼きとん、煮込み、冷奴《ひややっこ》だけのシンプルなもの、だからこそ人を呼ぶうまい煮込みづくりに精出した。こっくりとして、でもあと味のすっきりした赤味噌風味は、食べることが好きだった二代目の機知に富んでいる。現在の煮込みは、二代目の煮込みの大鍋から継ぎ足してずっと続いてきたもの。三代目の廣久さんが言う。

「親父が選んだ愛知・碧南市の赤味噌を長年使っていたのですが、あいにくそこが製造を止《や》めちゃったんです。そのあと、いろんなものを取り寄せて試行錯誤して、あらたな赤味噌を使いはじめたのですが、シンプルな味つけですから赤味噌の味がストレートに出ちゃうので、最初はこわかったですね」

午後一時。開店前の店では、鋳物の大鍋ふたつに煮込みがなみなみ、とろ火にかかっている。鍋に火がつくのは毎朝九時、鍋に入った前日の残りの汁に五キロから七キロぶんの牛シロを入れ、たっぷりと水を足して煮こみはじめる。そのあいだ、ひっきりなしに浮いてくる脂はお玉で丁寧にすくい取る。水が減ってきたら、折々に継ぎ足し、あくや脂を取りながらことこと四時間ほど。午後になったら、味噌やザラメ、赤ワインを入れて味つけをし、さらに煮こんでゆく。

「子どものころからずっと見て育っているのですが、つくりかたはそれだけ、とてもシンプルです。ワインとブーケガルニを入れるのは、私が継いでからです。ワインは赤玉ポートワイン、ブーケガルニはセロリと月桂樹の葉っぱ、パセリの茎が巻いてあります。フランス料理の修業をしてレストランで働いていたのですが、昭和五十年ごろ父の具合が悪くなって店に戻ることになった。そのとき父に『煮込みにワインを入れてもいいか』と聞いたら、『いい』。どうしてもカタカナのメニューが多くなっちゃうけれど、それも『いい』。好きなようにやれ、と」

お墨付きをもらい、三代目の流儀でメニューの幅を広げた。

パルマ産　生ハムグリーンサラダ　1000円
グリーンサラダ　600円
銀杏焼　600円
お新香盛り合わせ　350円
青菜のおひたし　350円
冷奴　400円
カキの小鍋仕立て　750円
豚肉と鶏レバーのテリーヌ　800円
生野菜の焼みそ添え（エシャレット・アンディーブ・水茄子・きゅうり）　650円
自家製ピクルス　400円
フランス産うずら焼（半身）　550円

多彩なメニューがあれこれ並ぶなか、でもやっぱり煮込みは店の屋台骨である。つくりかたはシンプルだが、よくよく知ると、「山利喜」にしか出せない味の理由に気づく。仕入れた牛シロはすでに火が通っているが、脂が多いと見ると、包丁で丁寧に削る。
「いまの牛シロはむかしと違って、すごく脂が多いのは飼料のせいだと思う。サシが多く入るように肥えさせるための飼料だからです」と、三代目。脂の部分を削ると、仕入れた量より一、二キロ減るのはざらだと嘆く。「適度に脂があって皮が厚いのがいいけれど、そういう質のいい牛シロは最近少なくなりましたねえ」

煮こむうち、どんどん浮いてくる脂はすくい続けるが、混ぜすぎてもいけない。赤味噌はほかの味噌にくらべて焦げつきやすいから放っておくことはしないが、神経質に手を加えすぎるのもだめ。「たまにかき回すくらいがちょうどいい」。この微妙な塩梅もまた、煮込みの味の一部を担う。途中で入れる前日の残りの肉や玉子は通称「アニキ」。「アニキ」を足して煮こむと、味にいっそうの深みが出る。鍋の火をいったん止めるのは、毎日午後一時ごろ。営業がはじまる五時前まで少し寝かせて落ち着かせるのも、だいじな工程だ。そして、ふたたび火にかければ、あとは終業十時までことこと。だから、早い時間と遅い時間では、煮込みのおいしさも違う。早ければぷりぷり、遅ければとろんとしている。この変化もまた煮込みのおもしろみ。ただし、味見は欠かさない。

「味見、これはもう毎日します。味つけして三十分くらい経ってから、かならず味を見るのですが、やはり薄いとか濃いとかっていう答えは出ます。足りないときは少し赤味噌を足す。煮込みは、引き算ができません。足し算して最後にいい状態に持っていけるように、ちょっと抑え気味に味つけをしています」

まさに、これが煮込み料理のかなめ。長時間ことこと煮るというのは、鍋のなかはひたすら前へ前へ進んでゆくということ。つまり、あと戻りができない。だからこそ、道中ひとつひと

19　シチューと煮込み

つの要所に手は抜けず、過程そのものが味の要諦になってくるのだ。火まかせ、時間まかせとはいかない。つねに目を光らせ、経験と知恵を鍋のなかに惜しみなく投入する。

「あるていど味を決めたら、もうよけいなことはしないほうがいいと思います。煮こめば煮こむほどいいっていうものでもない。そうですね。時間が来て、このくらいでいいと思ったらもう十分。お客さまの口に入るまで八時間くらいやっぱりかかっていますし、それ以上はもうやってもおなじなんじゃないかと思いますけどね」

単純な作業に思えるけれど、大鍋でとろとろ煮こむ煮込みには火加減、肉の質、味噌の量、混ぜかた、「山利喜」の時間がそのまま溶けこんでいる。

「二つある大鍋のうち、左っ側のがエースの鍋なんです、うちの。これがですね、うちの親父が埼玉の川口で買った何代目かの鍋で、たぶん五十年以上使っています。右の鍋は二十年使っていますが、おなじ大きさでも、おもしろいもので、やっぱり出来上がりが違うんですよ。エースのほうは少し薄くて軽いんですが、もう五十年ぶんの味が染みこんでると思うんです。もう鉄であろうが、味が入っちゃってる、そういう感じがしますよね」

焼きとんのたれも六十年のあいだ継ぎ足し、継ぎ足し。すぐ近所に新館をつくったときも、一からあらたにつくるのではなく、六十年の煮込みとたれを小分けした。つまり、「山利喜」ぜんたいがつながっている。三代目が意外なことを口にした。

「一度ね、煮込みをやめようと思ったことがあるんです。ここに戻ってきて二、三年経ったばかりで、まだ二十代の若造のころです。毎日毎日煮込みをつくるのは意外と大変なんですよ。

で、私の大先輩の『みの家』さんの社長に『面倒くさいからやめたいんだけど、どうですかね』って相談したら、『とんでもない、お前んちの顔だろう』。煮込み以上のおいしいものをつくるぞ、と意気込んだつもりだったのですが、そのとき『お前の家のだいじな売りものなんだ』と諭されて、はっと気づいて以来、いまに至っています」

そしてガーリックトーストが煮込みの相棒となった。あるとき、お客さんが「おつゆがもったいないからスプーンをちょうだい」「パンはないのか」。じゃあ、こんど用意しておきますから、となってガーリックトーストが誕生した。居酒屋三代、長年のお客といっしょにつくり出された味が、「山利喜」の歴史に連なった。

ことこと、くつくつ、じっくり味わいを深めてゆくシチューや煮込みには、大看板を背負うだけの価値がある。

道頓堀の品書き

錫《すず》の杯で熱燗を喉の奥に送りこみながら見上げると、品書きの木札が壁にずらり整列している。大阪・道頓堀「たこ梅」。墨痕あざやかな太い文字がたのもしい。いつでも、なんでも、ご用意できますよ。品書きが、店とお客をつなぐ蝶番の役目を任じている。

「たこ梅」の創業は弘化元年（一八四四）、「道頓堀にこの店あり」と聞こえた関東煮《かんとだき》の老舗《しにせ》である。大阪でおでんを「関東煮」と呼ぶのは、関東から伝わったからだとも、堺港で広東人が大鍋で煮ていた広東煮をまねてつくったからだとも言われているが、真偽のほどはわからない。そしていま。「たこ梅」の壁に並ぶ墨文字の品書きの木札は、優に百五十年を超える店の歴史を背負って連夜のお客を出迎えている。

常夜灯がぬくい明かりを灯《とも》して、客を呼びこむ今宵。軒先に揺れる年季の入った煤竹色《すすたけいろ》の暖簾に、太く染め抜かれた白文字「日本橋　たこ梅」とある。くぐると、そこには昔ながらのコの字型のカウンター。小体《こてい》な店だが、いつ訪れてもお待ちしていましたと語りかけてくれ、ほっとする。正面に陣取った四角い鍋もいつもの通りだ。濃いだしにたっぷり煮えがつき、おでんがなかよく客待ちをしている。目になじんだ様子を眺め、昔なじみの木の丸椅子を引き出して腰掛けると、ああこの座り心地と頬が緩む。手揉みなどして、さあなにをもらおうかな。この間合いがうれしい。

「たこ梅」は江戸時代から続く「上燗屋」の文化を引き継ぐ。「上燗屋」とは、店のおやじがひとりで切り盛りし、上々の燗をつけた酒とアテで楽しんでもらう店のこと。だから、いつでも鍋には看板の関東煮が煮えている。名物のたこ甘露煮も炊き上げて用意してある。ぷらりと暖簾をくぐって一杯楽しませる上方の酒の文化が、ここには長く大切に残されている。

湯気の向こう、壁に行儀よく品書きが並ぶ。右端の一行めは看板の名物である。

さえずり　９００円

「たこ梅」の大黒柱、さえずり。ひげ鯨の舌である。

さえずりの味は一度食べたら忘れられなくなる。串に刺したひと切れを嚙むと、融通無碍に押して返してくる独特のむにっとした食感があり、脂のうまみがじわじわ広がる。正体があるようで、ないような。味があるようで、そうでもないような。しかし、たしかに自分の舌を包むこく。ほかのなににも似た味がない。むにむにと嚙みながら、しぶというまみに毎度恐れ入ってしまう。おでん種としてはずいぶん高価だが、これを目当てにやってくる常連客は引きも切らず、「やっぱり『たこ梅』」と唸《うな》らせるだけのインパクトのある味わいだ。

かつて「たこ梅」の常連だった作家、開高健はさえずりが好きで好きでたまらず、店に来ると何本も立て続けに注文して堪能した。あちこちに「さえずり讃」を書いてもいる。「タンシ

チュウにする牛の舌にもこれほどの脂肪分はないのではないか」と書き、こう続ける。

「しかしサエズリもひとつだけの味ではない。舌の表面、中層、根に近いところと、一枚の舌でも部分によってずいぶんいろんなちがいがあるものだと、食べているうちにわかってくる。香ばしいところ、クニャクニャと嚙み切りにくいところ、脂のあるところ。筋のあるところ。ないところ。それぞれのコマぎれをほどよくまぜて一本の串に刺すのである。よく煮られてダシのしみこんだサエズリの味を文字に変えるのはたいそうむつかしく、ほとんど不可能を感じさせられる」(『SUNTORY GOURMET3』)

吉田健一も偏愛を表明している。

「そしてこれはたこ梅の白鹿がおでんとか、江戸前料理とか、かなり味が強いものに合っているということでもあって、この酒で河豚

の刺身を食べたらどういうことになるか、やって見なければ解らないが、この店でこれを飲めば店の名物の「囀り」が食べたくなり、「囀り」を食べればもっとこの酒が飲みたくなる。その「囀り」というのは鯨の舌を四角に切って串に刺しておでんの鍋で煮たものである。味も柔さも極上の豚肉に似ていて、脂の所が多いのに豚の脂のしつっこさが全くない。大阪では鯨を色々な風に使うとは聞いていたが、舌をこうして煮るのはたこ梅だけではないかと思う」(『食い倒れの都、大阪』)

じつは、さえずりと命名したのも、関東煮に初めて使ったのも、「たこ梅」初代の岡田梅次郎そのひとである。かつて道頓堀にあった天ぷら屋(さつま揚げ)の息子だった梅次郎がなぜ関東煮の店をはじめたか、なぜ鯨の舌に目をつけたのか、いまとなっては知るよしもないが、しかしさえずりはいま押しも押されもせぬ「たこ梅」の名物であり、同時に味の核心でもある。品書きの冒頭にこめられた意味合いを理解するにつけ、わたしは「たこ梅」の木札の品書きの重みを感じることになった。

さて、「たこ梅」は江戸期からこれまで順風満帆に歩んできたわけではない。初代から引き継いで二代目新造、三代目松治郎、四代目正弘。その正弘が病に倒れ、妻が店を預かる。「たこ梅」の味は守ったけれど、店の経営は大赤字に陥った。平成十三年、それまで勤めていた会社を辞めて店に入ったのが、現在の五代目、先代の甥にあたる岡田哲生さんである。のるかそるか。サラリーマンから転身した五代目に平成の舵取りがまかされ、「たこ梅」の品書きも大きく変わることになった。ただし、伝統の味は変えないまま。

「たこ梅」は、つい書きたくなる店であるようだ。食通としても知られた俳人、楠本憲吉はこう書く。

「大阪では、難波新地の『正弁丹吾』、『お多福』、日本橋詰の『たこ梅』、道頓堀の『蛸安』などが関東煮屋の王将格で、時間どきは大阪人で超満員の盛況である。私の伯父や叔父たちはいずれも大阪商人だが、これらの店で関東煮をさかなにあつかんをひっかけることに生き甲斐を感じていたようである」(『たべもの歳時記』)

味にも値段にもうるさい浪花商人に認められてこその食べもの屋なのである。舌の肥えた商人たちに育《はぐく》まれた「たこ梅」の味は、だから、ほかとは一線を画した。わざわざこの店の暖簾をくぐらなければ味わうことのできない味。それを崩さず、伝家の宝刀としたからこそ「たこ梅」は時代の波をかいくぐってきたわけだが、その先の百年を見据えた仕切り直しの大仕事を引き受けることになったのが五代目だった。五年間閉じていた本店を再開させたのは、平成十九年の冬である。

「親からあれこれ話は聞いていましたが、先代や先々代がどんな仕事をしていたのか、自分の店についての古い文献を集めはじめました。それを読むと、本店で出していた品数は十種類くらいで少なかったようです。いまも変わっていないのはあつあげ、こんにゃく、ごぼう天、だいこん、さと芋、ちくわ、たまご、さえずりなど。年間を通じて現在は三十種以上に増えていますが、基本の味は変わっていない。だしの味を変えていないのです」

関東煮の湯気を幼いころから日常の親しいものとして育ってきたからこそ、哲生さんにしかわからない独自の感覚があった。

「子どものとき、上のほうのさと芋をちょっと取り分けておやつに食べさせてもらったりしていました。当時は家で仕込みをやっていましたし、これはおいしいかどうか、理屈抜きで自分の身体《からだ》がわかるんです。とくに匂いです。匂いがちゃんとしていると、味もちゃんとしている」

哲生さんの五感に沁みこんだ「舌の判断基準」である。創業以来継ぎ足し、継ぎ足ししてきただしの味は、五代目の味覚や嗅覚のなかに知らず知らず引き継がれてきたのである。

本店を再開するにあたって、哲生さんは品書きをひとつずつ見直した。ねぎま。先代は大トロを使っていたが、採算が合わないからやめた。年中変わらない品書き、これもやめた。旬ではない素材を無理して使うと、たいしておいしくないのに原価だけ高い。売り切れを出してはいけないという考えかたもあらためた。決めごとにとらわれず、売り切れ仕舞いでかまわんやないか――「たこ梅」の品書きは、変わらないだしの味の裏側でじわじわ様変わりしていった。あおやぎ。砂を完全に吐かせるのがむずかしくて、いったん中断。ツブ貝。気に入って仕入れていた宮城・石巻のものが震災で工場が被災して、これも中断。

いっぽう、果敢に試作をする。にら。試してみたけれど、鍋のなかに匂いが移ってむずかしかった。舞茸。黒い色が出てしまうから白舞茸しか入れない。さんざん試したすえ、ようやく今年の春から出せるようになったのがひろうす。百合根、ぎんなんを全体がまとまるぎりぎりのところまでたっぷり入れて、生地をふわっとやわらかく、しかもこれまでよりもっと大きく。店に出してみると、口うるさい常連客にも受け入れられた。

「おいしかったらなんでもええやん、っていうのが僕の考えなんです。でも、やってみたらあかんかった、っていうのもたくさんあって。肝心なんは、食べておなじじゃ意味がない。炊いたらもっとおいしくなるかどうか」

ただし、「うちの鍋」に合うかどうかなんです、と哲生さんは言う。「たこ梅」では、強い火でぐつぐつ炊く。沸騰させると、たんぱく質の膜がそれぞれの素材のうまみを包みこんで逃さない。強火の煮かたに合わなければだめ。そしてもちろん、「たこ梅」のだしに合わなければだめである。

こうして揃えた定番の顔ぶれの一部。

こんにゃく　300円
ちくわ　300円
あつあげ　200円
たまご　150円
ひろうす　500円
もち巾着　250円
いとこん　300円
野菜ふくろ　400円
ごぼう天　250円
ひら天　250円
しゅうまい　150円

ひとつずつ、用意周到に調えたタネばかりである。品書きの木札一枚一枚、満を持した顔つきをしているのは当然のことだろう。

さて、品書きの一番手を務める肝心のさえずりである。さえずりはただの珍味ではない。「たこ梅」の味を知るほど、この一行めにこそ店の存在がかかっていることに気づく。

鯨の舌は調査捕鯨で獲れたミンク鯨やイワシ鯨のもの。まず冷凍で仕入れ、「たこ梅」ではひとつずつ包丁でさばく。筋肉の赤身の部分を削《そ》ぎ、繊維をはずして白いところだけにする。

一～二晩塩漬けにしてからじっくり塩抜きし、あらたに水にさらして完璧に血抜きをしてから独自の方法でゆでる。それを小さく切って串に刺し、まず下炊き。そのあといよいよ本炊き……じつに手間ひまかかっている。火の通しかたにも、ちゃんと技がある。湯煎したり静かにことこと煮たりしてはだめ。ぐつぐつ沸騰し続けて乳化させなければ臭みが出るし、こっくりとした味には育たない。だからこそ、「たこ梅」の鍋はつねにぼこぼこ威勢がよくなければならない。そして、ここがもっともだいじなところ——惜しげなくさえずりを使うからこそ、だしにうまみが溶け出る。つまり、さえずりそのものがだしの決め手になっているのだ。ほかの店にはまねのできない味になる由縁である。

ところで、「たこ梅」の特等席はやっぱりカウンターの正面、つまり鍋の前。正面から順番に席は埋まってゆくのだが、混雑の合間、偶然にも正面に座れると得をした気分だ。湯気がふうわり立ち昇る景色をのんきに眺め、まず自慢のたこ甘露煮で落ち着く。そのあとさえずり、ころ、だいこん、お決まりのうれしい展開がはじまる。

隣の客から、「お酒」と声がかかった。もう四十年ここで働いているという白い上っ張りのおじさんがすぐさま返す。

「熱燗、中燗、ぬる燗、ええかげん?」

「ほなら ええかげんで」

艶のあるやりとりは、かつて芝居小屋や劇場に囲まれていた道頓堀の味である。

酒は黒松白鹿、「ええかげん」のお燗は特注の錫のタンポで手渡される。杯もおそろいの錫製、当たりのやわらかな触れ具合がたいそう心地よく、さらには内側が浅めの二重構造になっているのも特別仕様。これは大正期に先代たちが考案したもので、杯を干すさい、あおると喉が見えて風情がよろしくないからという気遣《きづか》いだったそうな。「たこ梅」は代々、店主の創意工夫に長《た》けた家系なのである。

　わたしは熱燗をもう一杯。つぎはなににしようかなと思案しながら、鍋の面倒を見るおじさんの手つきを眺めるのが楽しい。よく見ていると、煮え具合に目配りを利かせ、タネを右から左へ移したり、位置を微妙に変えたり、こまやかな采配をしているのがわかる。あくが出れば、こまめにお玉ですくう。野菜ふくろの注文が入ると、ひら天を上にかぶせて味を含ませるので、細やかな気遣いですねえと言うと、にこっと笑って「ベジタブルバッグは恥ずかしがり屋やからね」。

　夜八時過ぎ、混雑して注文がまとめて入ったあとのこと。澄んだ新しいだしをすくって、鍋に足す。あるときは、濃いめのだしをくわえることもある。砂糖を入れたり、醤油《しょうゆ》を注いだりすることもある。何度も通っているとわかってくるのだが、目分量である。なのにいつ寄っても「たこ梅」の味は変わらないのだから不思議なことだ。

「ここからここまで、といううちの味の幅があって、そのなかに収まるようにしています。だしがしゃばい（薄い）と思ったらうまだし、汁気が足りんなと思ったら白だし。一番おいしいだしの基準がわかっていれば、一定の範囲のなかで足したり引いたりして調整できます」

　澄んだ白だしは、メジカにさば節をくわえたかつお節のだし。うまだしは、さえずりやころを煮たときの濃いだし。

「昆布は使いません。うちのようにぼこぼこ炊いたらあっというまに粘ってしまう。それに昆布のだしは傷みやすい。むかしは冷蔵庫なんてありませんでしたから、だしの保存のためにも昆布は使えなかったんやね」

夕方のだしの味と遅い時間の味は、微妙に違う。けれど、その差のなかに「たこ梅」の味はちゃんと収まっているのである。

それにしても、「たこ梅」ほど鯨の持ち味を生かす関東煮もないだろう。さえずりのつぎ、だめ押しは二行め、三行めである。

ころ　900円
もちころ　500円

ころは、皮とその下の脂肪。こりっと歯ごたえのある皮に、さえずりより濃厚な脂肪分がねっちりと絡む。もちころは脂肪だけの部分。このほか「鯨すじ　ねぎふくろ」という佳品がある。これは、鯨の肉をさばくときに出た筋肉を粗みじんに切って、ねぎといっしょに揚げに詰めたもの。こりこりと歯ごたえのいいすじ肉と刻みねぎの香りがぴたりと合って、くせになるおいしさだ。ふつうなら硬くて食べられない部位に知恵と工夫を凝らしておいしい一品に仕上げる技である。

関東煮
日本橋

「好きだからですわ。理屈はあんまりないんです。僕、鯨がすごい好きなんで、どうにかしておいしく食べてやろうと思うわけです」

塩タン、すじ、どれも調理に向かないから誰も手を出さない部位だが、そのぶん闘志が湧く。「たこ梅」の品書きは浪花の意地、上燗屋のプライドでもあるのだった。

今夜はあとひとつだけいただいて、そろそろ腰を上げたい。なににしよう、と品書きを眺めてみると、「わてを忘れてもうたらあかんやろ」。こんにゃくである。

これまた手間ひまかかった味。まず塩をしてひと晩置き、あくを抜く。それを鍋の下にびっしり敷いて下炊きし、そのあと鍋の右側へ移動させて本炊きするのだから、たいへんな念の入れようである。嚙むと、驚く。むっちり。よけいな水分がすべて抜け切って、食いちぎったひと口のなかにこんにゃくの真味はこれだったかとたじろぐほど密度の濃いうまみが現れる。辛子との相性もすばらしい。ちなみに「たこ梅」の辛子は、味噌や醬油、酢を混ぜこんだ特製である。

名残り惜しくて品書きに視線を運ぶと、「季節もの」のところに木札四つが掛かっている。

鰯だんご　２００円
きく菜　２５０円
さと芋　３００円
ほたて　３００円

ひとつくらい食べたかったけれど、またこんど。

「たこ梅」の品書きは、少しずつ入れ替わりながら、季節といっしょに進む。一月末は菜の花。二月は若ごぼう、ふき。三月に入ったら帆立貝。四月はたけのこ、夏になったら焼きなす、子持ちいか、とうがん。秋はこいも、ねぎま、松茸、銀杏、しいたけ。ねぎとろだんごを鰯だんごに戻したり、十二月になれば牡蠣《かき》、聖護院だいこん……繊細に移ろうてゆく。もちろん、さえずりやころは不動の位置に座って動かない、動かせない。

「たこ梅」の品書きはさながら旬の食材の暦だ。五代目は言う。

「つぎの百年もちゃんと残っていくために、変えないものは変えず、変えるべきものは変えるのも大切やと思うてます」

ちょっと大衆酒場で

とりあえずビールだけ頼んで、向かいの壁の品書きを読みはじめてすぐ、不思議な一行を凝視した。

きゃべ玉（小）　１８０円

初めての店で最初に品書きを読むときほど心弾《はず》むものはないけれど、仕掛けた気分にブレーキがかかった。読めても意味がわからない新参者の身分を思い知らされ、ふくらんでいた風船がぷしゅーっとしぼむ。でも、置いてけぼりは悲しいので一生懸命考える。

（すぐそばに「にら玉」と書いてある、ということは……）

折りしもカウンターのなかのお姐《ねえ》さんから「うちのレバ刺、おすすめよ」と声がかかったので、小声で聞く。

「あのう、きゃべ玉ってなんですか」

「キャベツと卵の炒めもの」

そうか、ですよね。大当たりをとった気分をつまみにビールをひと口。

ここは赤羽駅東口、大衆酒場「まるよし」。間口は狭いが奥に細長い小さな店で、コの字型の木のカウンターは昭和の大衆酒場そのまま。午後二時半から開いている。わたしの友だちに「赤羽で飲む日は、まず駅前の『まるよし』で待ち合わせ」というひとがいるのだが、その気持ち、よくわかる。赤羽値段と壁の品書きがいきなりお出迎え。

ホーレン草・にらおひたし・なめこ・ちりめんおろし・にら玉（小）・にこみ（小）・玉葱フライ・松前漬は二百円。ベーコンエッグス・シューマイは二百八十円。かきフライ・串かつ・もやしいため・レバーにらいため、三百七十円。酒をおいしく飲ませてやろうという愛情が押し寄せてくる。自慢のレバ刺し二百五十円、モツ煮込み二百円。揚げたてのあじフライ二百三十円。ホッピーセット三百五十円。千円札一枚あればすっかり出来上がる「せんべろ」の世界。

午後三時過ぎ、平日なのにみるみる満席になった「まるよし」を出て、ふたたび赤羽駅東口に立つ。ロータリーの向かいには「赤羽一番街」の大アーチ。空が大きく、すこーんと突き抜けた明るい空気は、よそからやってきた者にもよけいな緊張感を伝えてこない。いらっしゃい、さあどうぞ。あっさり出迎えてくれるので、肩の力が抜ける。

赤羽は東京のノースエンド、北区にある。すぐ北隣は荒川をはさんで埼玉・川口。赤羽駅は北関東と池袋や新宿をむすぶ北のターミナル駅で、北区の商業地としても栄えてきた。でも、よく知っているひとはよく知っていても、知らないひとはぜんぜん知らない街。ところが最近、赤羽の人気は急上昇中だ。知っているひとも知らないひとも、わざわざ電車に乗ってやってくる「酒呑みの聖地」である。

赤羽詣での二軒め、ふらふら～と「丸健水産」に足が向く。時計の針が止まったような古いアーケード街の一角、通路にはみ出して堂々とテーブルが並ぶ。夏は涼風、冬も涼風が吹き抜けるこの店は、おでん種の製造元が煮こんだおでんと酒を売る立ち飲み屋。開店は朝十時半、ワンカップ片手にすっくと立って、男も女もちゅっと機嫌よく酒を啜《すす》り、熱々のおでんに舌鼓を打っている。

「はい、なにいきましょう」

頭にきゅっと巻いた赤いバンダナがトレードマークの大将がシブい声でうながす。今日は手っ取り早く、おでんセットとお酒にしよう。

おでんセット　700円
（酒とおでん5品　だいこん、厚揚げ、昆布、ちくわ麩、カレーボール）

ゆらゆら湯気の立つ大鍋から取り分けてくれただいこん。じゅわっとだしが迸《ほとばし》る厚揚げ、昆布、ちくわ麩、ころころのカレーボールはほんのりカレー風味。辛子がつーんと鼻に抜ける黄色い刺激もうれしくて、合いの手にワンカップを啜る。キャベツ、ウインナー巻き、牛すじ、がんも、卵、巾着、にら・にんじん・ごぼう入りのスタミナ、多彩な顔ぶれがずらり。

「いいよなあ。こういう店が近所にあったら、おれ会社の帰りに毎日通っちゃうな」

「ほんとだよな、このへんに引っ越してきたいよな」

「いや、もう会社行かなくてもいいな」

「ほんとだよな、まったくだな」

左隣の若い男性ふたり組が缶チューハイを飲みながら話している。どうやら会社の休みに誘い合わせて赤羽に遠征してきたもよう。右隣は地元のおじさんで、アーケードを通り抜けかけた自転車のおじさんに手を振る。

「よう久しぶりぃ。元気かい」

「あれ、飲んでんのか。いーなー」

「その自転車そこへ置いといてさ、ちょっとイッパイ飲《や》っていきなよ」

「そうしてぇのは山々だけどさ、今日はそうはいかねんだ。おれはこれから配達」

「そっか、じゃこんどな」

「おう。こんどな」

にっこり手をあげたふたりは小学生みたいだ。あとに残ったおじさんが、「丸健水産」の常連客の余裕を見せる。ワンカップの酒を少し残し、そこへ熱いおでんのだしを注いでもらって七味をぱっとひと振り、「丸健」名物、おでんのだしで割った「大将割り飲み」である。つつーっと飲み干し、悠然と帰路につく後ろすがたに見惚《みと》れた。

「お客のプロ」みたいなお客が集う店が、赤羽にはあちこちにある。それぞれに店の成りたちがあり、赤羽をわが居場所と定めて踏んばってきたあげく、じわっと店の味を滲《にじ》ませる。だから一軒ずつ、ほかのどこにも似ていない。

闇市からはじまった「赤羽一番街」は、じつは東京で初めての商店街でもある。強制疎開から戻ってきた面々が自主的に集まってバラック建ての商店街を結成したのが「赤羽復興会商店街商業協同組合」。終戦わずか四カ月後の早業《はやわざ》だった。昭和二十二年には二階建ての長屋もできて六十店舗に増え、東京都が認可する第一号の商店街となって活気を盛り上げた。近くにできた三つの商店街がひとつになって現在の「赤羽一番街」が完成したのは、昭和三十年。

すかさず自分の店を構えた一番乗りが、いまも「赤羽一番街」で気を吐いている。ごぞんじ「OK横丁」の居酒屋「八起」で、「OK横丁」の名前の由来は、当時流行《はや》っていた西部劇『OK牧場の決闘』。裸一貫、モツ焼きで身を起こした「八起」の品書きには、こんな名前が見つかる。

チャーメン　390円
豚王ぽ　390円

「豚王ぽ」の読みかたがわからず、「あのう、これ」と指さすと、お兄さん「ハイヨ、おっぽひとつ!」。なるほど、豚の尻尾《しっぽ》なんですね。しっかり煮こんだぶつ切りの豚の尻尾が皿にころんころん、辛い酢味噌をちょびっとつけながら食べると、ゼラチンと軟骨が酒になかなか合う。「チャーメン」は肉入りもやし炒め。そのつもりで見ると、もやしがだんだん麺に見えてきます。

昭和二十年代の終わり、「八起」主人、古屋進さんは伊豆から赤羽にやってきて根をおろし、がむしゃらに働いてきた。御年八十六歳、剣道七段、居合七段。赤羽名物飲み屋街「OK横丁」の重鎮は、いまも店の若いもんと肩を並べてやきとんの串を打つ。

「チャーメンも豚王ぽも、うちで働いてた料理人がつくったものでね、餃子の味もそうやってできたの。残していった料理がたくさんあるから、自然にメニューが増えるんだよね」

「八起」の開店は午後五時。ゆっくりぽつぽつ席が埋まりはじめ、夜には連日大入り。やきとんの串を焼く威勢のいい煙が、今日もエネルギッシュに「OK横丁」を盛り上げる。

赤羽の背景を少しだけ。そもそもこのあたりは農村地帯だったが、明治のころ、陸軍関連の施設や演習地がつぎつぎにできてから発展を見せた。昭和二十年、終戦を迎えるとほうぼうが焼け野原になったけれど、がぜんターミナル駅の底力を発揮して、米や野菜、生活用品などの物資をさばく場所としてにぎわう。駅前にはバラックが密集し、混沌たるエネルギーが渦巻いた。家もない、ものもない、なにもない、ゼロから今日を切り拓《ひら》いてきた崖っぷちの人間のたくましさこそ、赤羽の明るい空気のみなもとである。

そういえば東京には東区も西区も南区もないのに、北区とはずいぶん簡単な名前だなと思ったら、こんな成りゆきがあった。昭和二十二年、東京新聞で新しい区名を募集すると、二十四万通もの応募があったという。「飛鳥」「飛鳥山」(北区飛鳥山は江戸中期から桜の名所として知れ渡っていた)「赤羽」「城北」などの名前が挙がったが、そのなかから「誰にもわかりやすい」という理由で選ばれたのが「北区」なのだった。あっさりしすぎて、みなさん拍子抜けしたのではあるまいか。そして二十三区のなかでもっとも広大だった旧軍用地と軍用施設が順次開放され、巨大団地や工場ができて人口が増え、昭和三十年代には京浜東北線、赤羽線、東北本線、高崎線が乗り入れて、北関東からの買い出し組が参入してにぎわう。赤羽にはいつも、ごろんとまるごと素《す》のままの生活があった。

さて、赤羽の飲み屋は、午前中から元気に営業中のところが多い。昭和二十五年創業の大衆居酒屋「まるます家」は、朝九時開店。赤羽で最初に朝から酒を出した店である。二代目主人、石渡勝利さんに「九時とはまた早いですねえ」と聞くと、ダハハと豪快に笑っておっしゃる。

「うちは、先代が『おれは朝から飲みてえ』とはじめた店だからさ。開店当時なんか朝七、八時からやってたみたいよ」

というのは照れ隠し、ちゃんと理由がある。工場や駅勤務などのお客さんも多い場所柄、夜勤明けのお客さんのために朝からちゃんと開けているのだ。のんきな朝酒ではありません。すでに一日の仕事を終え、おてんとさまの下で胸を張って味わうりっぱな晩酌である。

頼めばさっと出てくるつまみ、奥の厨房できちんと手をかけたおいしいつまみ、なんでもござれの幅広さもすばらしい。

鯉生刺　６００円
鯉うま煮　８００円

牛すじ煮込み　450円
とり皮ぽん酢　350円
さば味噌煮　500円
いかげそ天　350円
カルシューム（鰻の中骨）　350円
里いもから揚げ　350円
にんにく揚　550円
ジャンボメンチカツ　650円

値段の安さは「まるます家」の流儀である。

「昭和二十五、六年ごろは枡酒にして下にお皿をつけて、一杯三十円くらい。いかフライとか揚げものが二十円、二杯飲んでいかフライ食べると八十円。日給三百円とすると、仕事帰りにイッパイ飲んで家にも百円は持って帰れるという値段設定だったの。親父は小僧の生活もしてたもんだから、労働者の気持ちがわかったんだね。いまは、サラリーマンの月の小遣いが三万円くらいとすると、それを頭に入れて値段設定をするわけですよ。一回ひとり二千円くらいなら週に二回とか三回来て、一回がまんすれば自分の部下を連れて来られる、そういう勘定になってるの」

酎ハイ四百円。人気の「ジャン酎」（ジャンボ酎ハイ）はハイリキ一リットル入りの大瓶をどかんとカウンターに置いて飲むわけだが、一本で五杯飲める計算になるのに一本千百円。でも、壁には「まるます家のお約束　お酒は三本まで」と書いてある。酒呑みへの温情に涙が出る。そんな親ごころがお客にちゃんと伝わって、常連客も初めての客も肩を並べて和気あいあいと飲んでいる。てきぱきと注文をさばくお姐さんたちも、常連の顔はぜんぶ把握しているけれど、贔屓はなし。朝から晩まで風通しのいい空気がふわりふわり、いつ来ても「まるます家」には極楽が用意されている。

赤羽の宝は、まだある。「まるます家」と目と鼻の先、昭和二十二年創業の「川栄」。

「川栄」の名物のひとつは鰻だ。とびきりおいしい鰻を目当てに、老いも若きもにこにこ暖簾をくぐる。夜は予約でいっぱいになる日も多く、「あそこはなかなか入れないんだよ」という声も聞く人気者だ。「川栄」の鰻は、白焼き、蒲焼き、鰻重、どれもふわっとやわらかく、たっぷりと鰻の持ち味が生きたおいしさ、安さ。赤羽通いがいっそうくせになる。

もとは川魚問屋からのスタートだった。先代がビルマから復員してきて、さあ働こうとなったとき、奥さんの実家が荒川の河川敷で船宿を営んでいたから、それで川魚に縁ができた。荒川で獲《と》れる川エビ、どじょう、鯉、スッポンなどをさばいて売るうち、まもなく料理店に転身、たいへんな評判をとる。そのわけを物語るのが品書きだ。まず、その一部。

白焼き・一度漬け・蒲焼き

上　1700円

特　２０００円
特上　２５００円
最特　２９００円
うなぎ骨せんべい　３００円
鶏もつ煮込み　５００円
せせり炒め　６００円
砂肝炒め　５００円
はつのカレー炒め　５００円
生野菜サラダ　３５０円
自家製、糠漬け　５００円
じっくりと焼き上げた限定オーブン焼き
オーブン手羽先　一本　１２０円
鶏チャーシュー　６００円
ローストチキン　７００円

初めてこの品書きを見たとき、目を疑った。鰻と鶏、まったく方向の違うものがひとつの品書きに並んでいるのだから。

「ローストチキンを出したのは店をはじめてすぐ、二十五年ごろです」

二代目主人、石井章司さんの話は、当時の赤羽の様子も彷彿とさせて貴重だ。

「戦後、しだいに景気がよくなってきたころですし、ふつうの家庭じゃローストチキンはつくらないし、物珍しさも手伝って飛ぶように売れたんです。クリスマスのときもすごかった。進駐軍のコック長から教えてもらったつくりかたなんですが、自分のところで絞めた鶏のもも肉を圧力鍋でやわらかく蒸し、甘辛のたれにちょこんとつけて、網で焼く。ブロイラーが出回るようになったら、圧力をかけてやわらかくする必要がないから、この方法はやめました。けっきょくはずっと、赤羽っていう土地に合わせたやりかたでやってきました」

こうして川魚と鶏の二輪運転が定着し、世にも珍しい品書きができあがる。「川栄」の鳥料理は、素材のよさを生かした軽やかなおいしさ。なかでも出色の味わいは鳥もつ煮込みで、塩味だけのすっきりとした風味は一度味わうと忘れられなくなる。香ばしく焼けた手羽先やローストチキンはショーケースに並べて店頭でも売っているが、買い物の途中、近所の主婦が今夜のおかずに買ってゆく様子がほほえましい。

以前はどじょうの鍋や柳川も出していたけれど、だんだん質のいいどじょうが手に入りにくくなって、けっきょく鰻だけに落ち着いた。

「川魚料理ってのはね、土地によって料理方法が違うんですよ。うちの鰻の味は、むかしおやじが川魚専門の料理人から教えてもらった料理法のまま。白焼きをせず、そのまま蒸し上げるんです。こうすると、川魚のおいしさが生きる。うちの鰻はやわらかくておいしいと言ってくださるお客さんが多いです」

ところで、「川栄」にも「読んだだけではわからない料理」がある。

しのび
並　3300円
上　3900円
特　4500円
特上　5500円
最特　6300円

まさか、おしのびのお客用ではあるまい。想像をたくましくしてみるのだが、初めてのとき、どうにもわからなかった。うな丼は千九百円、「並　三千三百円」はその倍近くの値段、ずいぶんお高いのも正体不明感を煽《あお》る。

しのび、それはごはんのなかに鰻がもう一段「しのんで」いるから。つまり鰻のダブル、驚きの大贅沢なのだった。箸で鰻ののっかったごはんをすくうと、その下にまだ鰻！　針が振りきれそうな悦楽が「しのび」。とはいえ、昨今のきびしい鰻事情のなか、どうやってしのいでいくのだろうか。

「平成に入って養殖がさかんになると、値段がぐっと安くなっていました。台湾や中国、フランスからは稚魚が多く入ってきているけれど、海流が変わって日本で獲れなくなった。それは自然の現象ですから、どうにもならないです。でも、むかしは鰻はめったに口に入らなかった

おすすめメニュー
珠 刺身とたたきの合わせ盛
珠 皮ぽん酢
数量限定
珠 ほろバラ串
珠 ほろあぶら串
朝〆白レバてき
鳥刺四点盛り
鶏目柱のサラダ
奈良漬け盛り
うなぎ骨せんべい
白レバペースト
鳥刺 四点盛
越後で候
2600

BIWAMIIN
ビワミン
すっごくおいしくって
すっごくカラダによくって
すっごくキレイに・・・!
女性にオススメ!!
ビワミンウォーター ¥250
ビワミンサワー ¥500
珠鶏 刺身 1,000円
珠鶏 燻製 500円
珠鶏 たたき 1,000円
○鶏もつ皮煮込み
○鳥刺四点盛り

し、値段も高かった。そのころに戻っただけだと思うんです。ただ、うちは家族経営だからがまんできるけれど、職人さんを使っていたら、とてもじゃないけどむずかしいかもしれませんねえ」

いまでは息子の勇介さんが大きな戦力で、若いひと好みの鶏白レバーのペーストも出すようになり、人気メニューがまた増えた。五年ほど前から刺身で食べられるほろほろ鳥も扱うようになり、「川栄」の料理は日々進化し続けている。昭和三十年に建てた長屋形式の店構えは改装もせず、だいじにそのまま。二階に上がると、かつて京都の職人が手がけたという一刀彫りのみごとな欄間、川釣りの情景が入った稀少な磨りガラス。赤羽の半世紀がたしかな時間を重ね続けている。

さて、赤羽で飲むならもう一軒、忘れてはならない店がある。朝七時からやっている「立ち飲みいこい」支店、午前十一時からの「立ち飲みいこい」本店。どちらも連日カウンターに鈴なり、赤羽の立ち飲みのシンボルのような存在である。

舌代

ビール（大） ４１０円

生ビール（５００ml） ３６０円

エビス黒小瓶 ３９０円

お酒（生一合） ２００円

焼酎ハイボール　190円
レモンサワー　230円
ウーロンハイ　230円
梅サワー　230円
青リンゴサワー　230円
黒ホッピー　340円
ニッカウヰスキーハイボール　230円

文句のつけようのない安さが、「せんべろ」紳士を悩殺中だ。自慢の「シャーベット」は、特製生グレープフルーツ、レモン、ウーロンシャーベット、どれも二百九十円均一。芋焼酎から赤ワイン、樽酒まで、なんでもござれ。酒のつまみの品数の多さと安さにこころが震える。

冷ややっこ　110円
肉じゃが　130円
げそわさ　130円
岩のり（冬季限定）　130円
自家製サラダ　110円
煮込み　110円

野菜天ぷら　130円
自家製チャーシュー　180円
こぶくろ刺し　130円
あじなめろう　130円
あじたたき　150円
のりマグロ　150円
玉ねぎマヨネーズ　130円
ガツ刺し　130円
お新香　110円

さっくり小鉢に盛ってくれるひと皿は、百十円が基本。酒をおいしく飲ませてくれればそれで十分、量はたいしていらない。ちょっとお高い二百五十円組は、揚げたてのアジフライ、にんにく天ぷら、げそ唐揚げ、かにクリームコロッケ、豚バラ串揚げ、豚足、ポテトフライ、くじら刺身、目玉焼もちゃんとあって、ほのかに家庭の気配がするところがおじさんのハートをきゅっと摑《つか》んで離さない。かき酢、白子酢、うどぬた、青柳ぬた……和食メニューもシブいが、あくまで緊張させないざっくりとした風情が「いこい」の味である。

午後五時半。「いこい」本店をのぞくと、すでにコの字型のカウンターはぎっしり包囲されている。仕事はどこかに置いてきたサラリーマンから毎日ここに立つのがお仕事の地元のおや

じさんまで、なかよく肩を並べてイッパイ飲っている。

「いこい」には流儀がある。カウンターに立ったら千円札を一枚、自分の前に置く。酒やつまみと引き換えに釣り銭が置かれるシステムは、つまり飲み代の残りを確認しながら飲めるというしだい。じつはこれ、「いこい」が酒屋だったころの置き土産《みやげ》なのだ。酒屋の一角に据えた十席ほどのカウンターで、お客は自分の飲み代を目の前に置いてピーナッツや塩豆、魚肉ソーセージなどをつまみに酒を飲む。酒屋を移転させることになった昭和四十五年、おなじ場所ではじめたのが立ち飲み屋。もう一軒増えたのは平成二十二年秋、本店を改装するさい、近所で仮営業した店にお客がついてそのまま支店として営業を続行中である。あくまで流れにまかせる感じが、いかにも赤羽らしい。

満員電車の本店を通りすぎて支店へ回ると、ここもぎっしり。

「三人入れますかー」

「あっちへどうぞー」

ちゃちゃっと交通整理をして、三人ぶんの席を空けてくれるのはエプロン姿のお姐さん。生ビール、うどの酢味噌和え、ポテトサラダ、野菜の天ぷらを頼んでカンパーイ。すみのＴＶで相撲中継もたけなわだ。隣のジャンパー・バッグ斜めがけのおじさんは、ウーロンハイとかれいの煮付け。その隣、五十代の背広のおじさんはホッピーとポテトサラダ、肉どうふ。立ち飲みはひとり客の聖地でもある。酒はこころの玉箒《たまははき》、誰にもじゃまされず、手持ちの時間を好きなように過ごしてほろ酔いかげんで家路につく。

カウンターのなかの大将のシブい声が、今日も「いこい」気分を盛り上げる。

「トマトチューハイ一杯！」

「焼さば上がりましたっ」

「タラ西京でーす。どうぞっ」

赤羽はいいなあ。おたがいにじゃまをしないという大人のルールが暗黙のうちに守られているところもさわやかで、だからまた赤羽に足が向く。

「川栄」主人、石井さんが言っていた。

「むかし、うちの裏手なんつうのは原っぱだったし、道路も舗装されていなくて赤砂利が敷いてありました。なんせ、戦車が走ってたからね。日本の軍隊の被服をつくってる工場は撤収さ

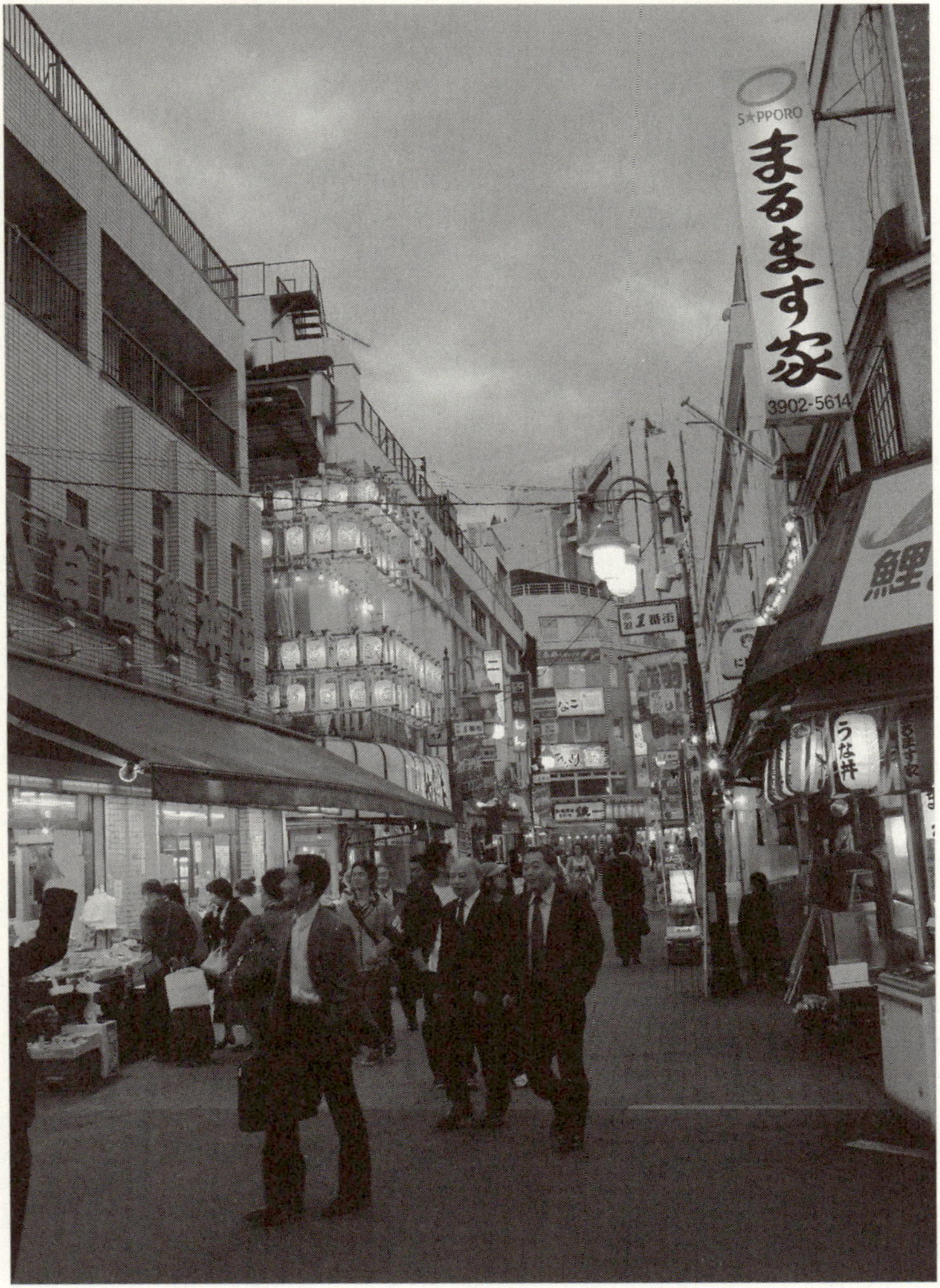
SAPPORO
まるます家
3902-5614
うな丼

れて、米軍の壊れた戦車だとかを持ってきて直したり、荒川で試運転したり。戦後の復興の町そのものです。ちょっと雨降りゃドブ川があふれちゃう。建物はあっても、ほとんどが迷路ですよ。だから鬼ごっこやっても迷路のなかを駆けずり回るから見つからなくて（笑）。気取らない、ざっくばらんな庶民的な町ですよ、ここは」

むかし語りを聞いていると、すこやかな気持ちを抱《いだ》く。みんなが横並び、それぞれの持ち場で一生懸命にがんばってきた日本人のすがたがここにある。労を惜しまず汗を流して働いた一日のおしまい、疲れをねぎらうイッパイのおいしさに癒される。

キッチンカーでランチを買う

昼どきの大手町、東京サンケイビル前がにぎやかですよ、と近くの新聞社に勤める知人の男性が教えてくれた。毎日ランチタイムになると、ビルの前に色とりどりのキッチンカーが並んで行列ができる風景は、以前に見かけたことがある。都心のオフィス街にいきなり出現する昼限定のにぎやかな風景は、ちょっとしたお祭りみたいだし、大手町に勤めているとこんな楽しいお昼ごはんが食べられていいなあと思ったものだ。

「すごく進化していて、びっくりします。ちっちゃい移動販売車なのに、窯《かま》で焼くナポリピッツアの店があるでしょう、和食の店があるでしょう、ローストチキンの店もすごい人気だし、メキシコ料理、オムライス、南インドのカレー専門店、金曜日はカレーの日。おれみたいなおじさんは圧倒されて近寄れない」

なのにどうしてそんなによく知ってるの、と聞くと、部下の女性たちが情報源なのだという。

「興味がないわけじゃないけれど、外に出るのがおっくうだから、もっぱら社食ですませている。だいいち社食のほうが安い。おれは昼飯になにも期待してないけど、若いやつらは違うんだよな。〝今日は金曜だからアジアンランチが来る〟とか言いながら、いそいそ財布持って買いに出かけてるよ」

「アジアンランチ」の名前は何度も聞いたことがあった。会社の近くの空き地に「アジアンランチ」の赤いキッチンカーが停まりはじめて以来、お昼はここに決めているという編集者の知人は、「ハーブやスパイスが利いていて、昼に本格的なエスニック料理を食べられるから得した気分になります。僕、もう大のお得意様ですよ」。青山のブティックに勤めている友だちは、週に三日は「アジアンランチ」でランチボックスを買っていると言っていた。「青山は、働いている者にとっては手頃な店がないし、あの味とボリュームで一食六、七百円は助かる」と絶賛する。いっぺん食べてみたい。

八月の真夏日、金曜日の昼十二時半。地下鉄大手町駅の出口からそのまま直結しているサンケイビルに入り、エスカレーターで一階へ上がって外へ出てみると、カラフルなキッチンカーが五台、整然と並んでいる。猛暑だというのに、どの車にも七、八人の行列ができている。お客は二十代から三十代、男性と女性は半々くらいで、みんな首にＩＤカードを下げているからサンケイビルに入っている会社に勤めているのだろう。店によっては男性客ばかりのところもあり、みんな通い慣れた様子である。ミートソースカレー、インドカレー、牛すじカレー、それぞれ自分の個性を打ち出した店が並び、どの車のなかにも男性がひとり、お客の対応をしながら奮闘している。「アジアンランチ」の赤いキッチンカーは、ほかの四台とは微妙に距離をとった場所にいた。行列は八人。弱ったな猛暑のなか並ぶのかと腰が引けたけれど、よく見ていると回転が速く、ひとり一分もかかっていない。離れた場所なのに、開け放った車の後部から緊張感が伝わってくることに驚いた。

車の前に看板が置いてある。

3品ぶっかけごはん　650円
アジアンランチボックス（3品選べる）　700円
カレーボックス　600円
トムヤムスープ（お弁当とセット）　100円

販売車には手書きの黒板がぶら下げてあり、今日のメニューが記してある。順番を待っているあいだにどれを頼むか決めておくシステムがちゃんとできている。

タイ　鶏肉とゴーヤのココナッツレッドカレー
中国　吉林省に住む朝鮮族のワイルドな鶏唐揚と野菜のクミン炒め
中国　西安の家庭料理　千切りジャガの甘酢炒め
スリランカ　新メニュー　4000年の歴史　セイロン王国の赤イカのハーブスパイス煮
インド　クリーミーヨーグルト野菜カレー

元気のいい料理が五種類も並んでいて、選択に困る。感心したり迷ったりしていると、あっという間に順番が来た。キッチンカーに近づくと、スパイスの香りの洪水。料理の入っているボックスから立ち昇る色と香りの躍動感は、アジアの街のそれだ。食べる前から、アジアの庶民の味が再現されていることがわかる。この生活感のある味が、じつはなかなか味わえない。

「いらっしゃい！　なににしましょう」

「ええと、これとこれとこれ」、五種類のなかからてきとうに見当をつけて三つを選んで指さし、ランチボックス七百円を注文する。わたしの後ろにもう三人並んでいるから、気もあせる。

「玄米もありますよ」

「じゃあ玄米。ごはんは少なめにしてください」

注文を聞くそばから手が動いて、速い、速い。ランチボックスを手にのせると、まずごはんのジャーから手際よく玄米ごはんをよそい、つぎに五種類のボックスから三種類を選んで、注文の品をつくってゆく。こっちはそのあいだに財布から七百円を用意しておき、交換して受け取ると、声がかかった。

「今日は暑いですね！　身体に気をつけてお仕事してください！」

にっこり目を見て言われ、「アジアンランチ」の果敢な営業姿勢を間近にした。陽射《ひざ》しをよけて、サンケイビルを背後にしながら屋外のテーブルで味わうレッドカレーや赤イカのハーブスパイス煮は、ちょっと不思議な気もする。

八月のある金曜日、「アジアンランチ」に寄ると驚いた。

インドネシア　バリ島のエッグカレー

タイ　パットプリックゲンパー　ドンムアンから空輸した珍しい「生の胡椒《こしょう》」と豚バラと森の野菜の炒めもの

タイ　パットノーマイ　現地タイのぶっかけ屋台に行けば必ずある！　竹の子春雨

タイ　１０００年の歴史のある古都チェンマイの鶏のハーブ和《あ》え

パキスタン　グリーンカルダモンマトンキーマカレー

先日とまったく違うメニューを出している。アジア各地の料理が手を替え品を替え登場しており、味わってみると、東京ではなかなか手に入らないハーブやスパイスがふんだんに使われ、アジアのリアルな空気が料理のなかにちゃんと生きている。レストランでは換骨奪胎されがちなあのパワーが、七百円の安さのなかに見つかるのだ。がぜん興味をそそられた。「アジアンランチ」とは何者なのか。

「アジアンランチ」社長の山口健司さんが妻とふたりでキッチンカーをはじめたのは九〇年代半ば、人通りの多い青山の骨董《こっとう》通りを選んで車を停めた。もともとアジアに旅をするのが好きで、ことにタイ料理のおいしさに衝撃を受けてアジアの料理にどっぷりはまり、自分の好きな料理を味わってもらいたいとスタートした。初日、ものは試しに二十食用意してみると、あっという間に十二食が売れて移動販売のおもしろさに味をしめた。そののち紀ノ国屋の裏手の駐車場を借りて本格的に営業をスタート、着実に売り上げが伸び、キッチンカーの台数を増やしてスタッフを雇うようになった。現在は社員三十七人、キッチンカー二十台。厨房で料理を受け持つのは、アジア各国出身のスタッフたちだ。

*

「うちにはタイ、インド、スリランカ、ネパール、いろんな国の料理人がいるんです。もともと現地のホテルのレストランにいたひとから、素人だけれど家庭料理の上手なひと、さまざまです。面接のとき、かならず料理をつくってもらって僕が試食し、この味はすごいと思えるひとだけを採るようにしています。どういう料理をつくるか、彼らから提案があって、英語でいろいろ書いてくる。そのなかから料理してもらい、味見をして採択し、さらに試作を重ねていきます。毎日の料理の組み合わせも、辛いもの、酸っぱいもの、甘酸っぱいもの、味のバランスをチェックするのも私の役目です。

素材を切ったり、スープを煮こんだりする下ごしらえは昼間で、料理をつくりはじめるのは真夜中の十一時から。朝八時半までに二十台のキッチンカーのぶんを全部つくり終えるので、夜中に総勢八人が調理にかかりきりになります。キッチンカーの販売スタッフは、朝出勤してきて朝礼のあと、ぜんぶの料理を試食し、スパイスの種類から効能まで説明を受ける。お客さまから質問されたときに応じられなきゃならないし、セールストークにもなりますから。そして、料理やごはんを積みこんで、朝九時半には二十台が持ち場へ出発してゆく。

アジアンランチ
アジアンランチ
www.asianlunch.co.jp

ASIAN LUNCH
タイ
Thai 鶏肉とゴーヤのココナッツレッドカレー
中国
China 鶏唐揚と野菜のクミン炒め
中国 西安の家庭料理
China
スリランカ 4000年の歴史
Srilanka 新メニュー
セイロン王国の
インド
India クリーミーヨーグルト野菜カレー
王様のブランチ
ナンバー1
エコケース使用
保存料不使用
米100%使用

売れる料理を出すのではなく、タイ料理屋でもインド料理屋でも食べられない現地の料理を出したいんですよ。ほんとうは値段のこともっと考えなくてはならないのですが、レモングラスをたくさん入れたほうがおいしくなるとか、カーの使いかたとか、どうしても採算度外視で現地の味にこだわってしまう。自分のつくりたい味を優先したいという思いがあるので、原価が高くなるのはしょうがないと半ばあきらめています。

屋台じゃないと出せない味や雰囲気があるからこそ、お客さんは買いに行きたくなると思うんです。それに、おなじ場所でやるなら、日々新しい料理を出さないとおもしろがっていただけない。場所を変えて転々とするのは、都内ではなかなかむずかしいです。場所探しはもっとも苦労するのですが、周囲に料理店が少なく、人が多い場所が基本です。とはいえ、定時十二時から一時までと昼休み時間が決まっている会社が多いエリアだと、移動販売車にはむずかしい。注文を聞いてから詰めて渡す時間が三十秒から一分は必要ですから。営業時間が短いエリアでは、あらかじめ詰めたお弁当をさばく売り方じゃないとだめです。ですから、われわれの場合は、昼休み時間がフレックスな会社が多いエリア、つまり販売時間がより長いところが基本です。うちでは、午後二時半ごろまでお客さんがコンスタントにいらしてくださる表参道店が一番売れていますね。

空き地や路上などの場所探しは、自分でやります。周囲の環境、同じ形態の店のあるなし、近所のコンビニに置いてあるお弁当は何食分なのか、お弁当屋さんがあれば、値段はいくらか……綿密に調べてチェックして、だめだったら退散。うまくいくようなら、そこで長くやらせていただく。そのときは、近隣の商店会にも入ってきちんとご挨拶《あいさつ》をし、仲間として営業させていただけるよう努力をしています。

移動販売のスタッフは、アルバイトもいますが、うちに勤めて七年、十年、それぞれに長いです。みんなこの仕事が好きなんですよね。たしかに忙しいけれど、時間のめりはりがはっきりしているので身体にもいいですし、営業中は自分の裁量で動ける。わたしですか、うーんわたしは自分の好きなイサーン料理を広めるためにやっているというか(笑)。じつは、これまで三軒店舗をやって、ぜんぶ潰《つぶ》しました。まあマニアックな料理なので、大手のデパートとか小さな子どももいっしょに食べるショッピングモールには合わなかったんです。わたしは、アジアと出合い、『お金がなくても人間って幸せになれる部分がある』と教わって人生観が変わりました。『アジアンランチ』の料理が、そんな入り口になれればいいなという気持ちでやっています」

＊

最初はたった一台だったキッチンカーが、気がついたら二十年近くのあいだに二十台に増えたという。しかし、山口さんの「アジアの本物の料理をつくりたい、味わってもらいたい」という気持ちは変わらず、熱心のあまり料理の話をはじめると止まらなくなる。このひとの存在があるから、「アジアンランチ」の料理には勢いがあるのだった。その鍵は、「屋台」の気概である。都心の二十カ所、赤いキッチンカーが午後の仕事へとつなぐエネルギーを盛り上げている。

山口さんの話のなかで、印象深い言葉があった。

「OLさんはプロ」

都内の激戦区で勝負を賭けているひとの言葉だと思った。その通りだ。OLの情報交換の速さ、情報量の多さ、トレンドを見極める感覚。シビアな感覚。彼女たちの本音がわかれば、移動販売のお昼ごはんのおもしろみがもっとわかるかもしれない。サンケイビル前の屋台村をよく利用するという三十代から四十代のOLたちに「昼どきの事情」を話してもらった。

（A・四十代既婚　B・三十代既婚　C・三十代独身）

B　屋台が出るようになって十年くらい経つけれど、人気のない店はすぐいなくなっちゃう。

C　カレー屋さんはけっこう変わるのが早いですね。

A　メロンパンも来たし。そういえばパエリアもあった。

C　ふぐ雑炊みたいなのとか。

B　気に入ってたおにぎり屋さんもなくなっちゃった。

A　あれ、よかったのにね。自分の好きな具を言うと、その場で握ってくれて、豚汁とセット。すごくおいしかったけれど、時間がかかるから行列がすごかった。キムさんがやってるキムチ丼っていうのもあったけれど、昼間ににんにくの匂いはちょっときつかった。

C　男性はボリュームで選ぶひとも多いけれど、やっぱりだいじなのは味と値段とボリュームのバランスよね。

B　七百円を超えると高い。お給料日には奮発することもあるけれど、ふだんは値段重視です。自分でお弁当をつくって持ってくるのは週に一、二度。つくりはじめると習慣になるけれど、やっぱり好きな料理は食べたくなるので、外で買うことに。

A　素材についていえば、鶏は安心できるんです。牛や豚は裏切ることがあるけれど（笑）。

B　唐揚げにしても照り焼きにしてもおいしいし、和食にも洋食にも合うから、鶏は安心感があります。

C　鶏がおいしかったら、ほかのも食べていいかなと思う。野菜が食べたいときはビルの地下に入っているサラダの店に行くんです。九百円くらいしちゃうけれど、ショートパスタも組み合わせられるし、野菜がたっぷり食べられる。いまに潰れちゃうよって噂《うわさ》していたけれど、あの店は意外に根強い人気がある。

B　屋台村は曜日によって違う店が出るので、毎日食べているわけではないんです。でも、やっぱり自分の気に入った店は、また通っちゃう。わたしは一年間育休で休んでいて、ちょうど昨日から復帰したんですが、休職中ずっと、屋台村に出ているローストチキンが食べたくて食べたくて。

A　おいしいよね、あれ。ローストしたての鶏をバンバンと切って、ハーブライスの上にのせて、鶏の脂がじゃがいもに浸《し》みこんで。

B　地元には売っていないし、自分ではつくれないし、ずっと毎週好きで食べていたから、つらかったです。いっそ子どもを連れてきちゃおうかと思ったくらい（笑）。移動販売のいいところって、やっぱりできたてだというところ。目の前で揚げたり詰めたりしてくれるのが、いい。コンビニ弁当は、どこかでつくったものがそのまま運ばれてくるだけだから。買うだけじゃなく、つくってもらってるなあという実感があるところが魅力だし、自分の目で確かめられる安心感がいい。

A　ローストチキンはいつも月曜日に来るとわかっているので、十一時四十五分にはもうみんな並んでます。冷えたのは食べたくないから十一時四十五分定時に私が代表してみんなのぶんを取りに行く。昼間なのに並んでまで、と思いながら、自分も並んでる（笑）。

C　雨の日だとおまけしてくれるところは「アジアンランチ」。

B　ただ、アジアンの人に一生懸命話しかけられちゃうと、こっちも一生懸命応《こた》えなくちゃならない。「いつもありがとうございます」って言われるとちょっと恥ずかしいし（笑）。ほかの人に聞かれちゃうと、「いつも来てるんだな」と思われるのはちょっと（笑）。

A　でも、おじさんは並ばないねえ。

B　並ぶことができない、並んでまで買いたくない。それに「六百円もお弁当に出せない」って言ってました。

A　わざわざ歩いて弁当屋まで行って、四百円とか五百円の弁当を買ってきてる。

B　新大手町ビルの下の通り沿いにはおじさんがいっぱいいて、寿司ランチとかちらし寿司弁当とか買ってるひとが多いから、やっぱり和食好きなのかな。おじさんはやっぱり安さ優先なのよね。もっと安さをとるならコンビニに行く。

A　チャレンジ精神もあまりない。「食べたことがないものは、おれはいらない」みたいな(笑)。

C　いまの二十代の若い子も、むだなお金を使わない。すごくシビアです。

B　若い子たち、食べる量がおかしいでしょう？　サンドウィッチやおにぎり一個だけ、ヨーグルト一個だけでお昼ごはんは終わり。ほんとうにそれで足りるの、と思う。

C　おいしいお店ができたから行ってみようとか、そういう意欲もなくて。

B　休憩室で、おにぎり片手に携帯見てるかテレビ見てるか。

C　お昼ごはんにお金を使うんだったら、貯めて遊ぶお金に使うとか洋服を買ったりしたいのかなあ。

A　わたしたちは、おいしければどこでも並んで食べますよ。そういえば四十代、五十代の女性が並ぶ姿は見ませんね。お店に入って落ち着きたいんですかね。

B　でも、わたしたちは社食には行かないですね。夜勤のときは社食でしか食べられないから利用することはあっても、昼は行かない。

C　社食は安かろう、悪かろう。

B　工夫の仕方がちょっと違うだろう、というメニューが多いです。一番笑えたのは、カレーの上に揚げ餃子がのっかってたり。その餃子、どこかほかでも出てた。だったら、選べる小鉢ものを充実させてくれるとうれしい。とはいえ、好きなトッピングを十種類のなかから三つ選べといわれても、「ええとわかんない」。サービスなんだろうけれど、逆に面倒くさくなって困る。そこまで種類があるなら、五種類くらいにまとめてほしい。

＊

まさに「ＯＬさんはプロ」だ。彼女たちのシビアな関門をくぐり抜けて残り続けるのは至難のわざだが、その攻防戦に参入するのもまた、キッチンカーを営むおもしろさなのだろう。

サンケイビル前に出店している「アジアンランチ」販売部長の下村良輔さんは、この仕事をはじめて七年目。それまではライブハウスに勤めていたが、転職して半年ほど過ぎたころ、自分の工夫と努力ひとつで売り上げが伸びる移動販売のおもしろさに目覚めた。ここの屋台村には午前十一時には到着するのだが、いち早く仕事の準備をはじめることで認知度が高まるし、活気のある店は誘蛾灯のようにお客を集めるから、と言う。

「車内からほかの車の行列も見ながら、応対の工夫をしています。接客時間はひとり三十秒が目安なんですが、あまり速いと列が進んでしまい、うちだけ行列が途切れているように見えてしまうから要注意です」

サンケイビル前は、午前十一時台と午後一時台に強い。つまり、十二時台のピークの前後に伸びがあるぶん営業時間が長く、売れる個数が見込めるということ。全体の流れを巧みに読むことも、売り上げを伸ばす秘訣なのだ。

「常連のお客さまも多いので、コミュニケーションも大切です。男性の方から『おー、今日はなにがあるの』と声がかかったり、『以前はなんの仕事やってたの』と聞かれることも（笑）。この仕事のおもしろさは、一国一城のあるじとして自分のリズムでやれるところ。たしかに体力は使うのですが、昼間の太陽を浴びて健康そのものです。以前は肩こりに悩まされていましたが、それもすっかり消えました。仕事はひとりでできるし、販売を終えて戻ると会社には仲間がいる」

サンケイビルの屋台村に何度か通うと、気づくことがある。午後二時近くなると客足が減りはじめ、五台それぞれ店じまいをはじめるのだが、あたりにはなんとはなしに一体感のような空気が漂う。自分の車の片づけを終えたら、ほかの店に挨拶をしてから引き上げるのも、ここでの決めごとのひとつなのだ。おたがいに競争相手でありながら、屋台村を盛り上げるチームワークができあがっている。用意した料理が売り切れればその日の仕事はまずまず、読みがズレて残ってしまう日もあるけれど、また明日がんばろう。その繰りかえし。

じつは、大手町サンケイビル村や有楽町東京国際フォーラムなど、いまや東京都内に二十二カ所ある屋台村の移動販売事情にはひとりの立役者がいる。それが、イベントやワゴン販売を取り仕切るプロデュース会社「ワークストア・トウキョウドゥ」の烏川《うかわ》清治さん。烏川さんは、厨房設備を備えたキッチンカーをプロデュース、組織化して「ネオ屋台村」と名づけ、移動販売事業を軌道にのせた人物である。このひとがいなければ、あちこちにぎやかに出現するキッチンカーの興隆はなかった。

＊

「たんなるお弁当じゃなくて、温かい料理を出す店だけを集めたんです。OLさんたちの舌を唸らせる店。でもね、それを考えたのは、僕ではなくて、出店者が自分たちで考えたことなんです。移動販売って不安な要素がある商売でしょう。だから、みんなが集まったとき、なにか大きな力を発揮できるのでは、と。そこで『自慢の一品料理でOLさんと勝負してみない？』と仲間たちに声をかけて集めたのがきっかけです。知り合いになったサンケイビルさんが、あの広場を有効活用したいという要望を持っていて、夜にイベントをやったのだけれどうまくいかなかった。そこで、『昼間にランチを売ったらいいのでは』と提案してみたら、実現することになったわけです。『おいしいものを一生懸命つくろう』というのが、僕が一貫して言い続けてきたこと。すると、おのずと温かくておいしいランチができあがってくるようになった。

でも、最初は不安でしたね。おいしいものをつくろう、愛情をこめようとしすぎちゃって、ひとつのお弁当を渡すまでに二分、三分と時間がかかる。大行列ができてるのに、丁寧でね。平成十五年当時は、できたての安い弁当が右から左にバンバン売れてるころで、『こんなに遅すぎて商売になるのかな』と心配でした。でもこれは、目の前で盛りつけて、コミュニケーシヨンをとりながらやる商売。安い弁当とおなじじゃないんだ、と自分たちのやりかたをみんな崩さなかったから、僕も『君たちがそう言うんなら、おれも信じていこう』。兄貴分的存在としてがんばってみたわけです。でも、正直いってこんな十年も続くとは思っていませんでした。五年くらいでOLさんに飽きられちゃうんじゃないかな、と。

自分の店の輝けるメニューを一生懸命考えていったら、絶対リピーターが来る。そう信じてがんばった店は、『アジアンランチ』をはじめ、ほんとうに売れるようになりました。ただ、東京国際フォーラムは最初はうまくいかなかった。サンケイビルの場合は、道を歩いているだけで目に飛びこんでくるけれど、国際フォーラムは周囲を囲まれていて閉鎖感があるから、みんな遠巻きに見ているだけ。古い会社が多くて、昼の時間がきっちり一時間だけというのも敗因でした。いったん三カ月間閉じて、割引券をつけたチラシを四万枚配ったりして告知に努めて再開してからは、すっかり軌道に乗りました。

当初は、慣れないお客さんを相手に商売をしている感じでしたね。つまり、お客さんには『車から買う』という習慣がなかった。いまみたいに浸透していなかったから、車で売るのは『ちょっと汚いのでは』とか『変なひとが多いんでしょ』みたいなね。でも、年月を重ねるごとに店側がどんどん進化して可愛らしい車になっていったし、自分たちの見栄えも重視しながら、コック服を着てみたり。そして、おたがいに『仲間意識』が育っていった。

いま、都内二十二カ所に『ネオ屋台村』を出していて、そのスケジュール管理やプロデュースをしています。出店しているところからいただくのは十五％、そのうち十％が場所の貸し主の取り分です。ともかく、利益よりも屋台業界を活性化させたい。だから、継続していくことがだいじだと思っています。この仕事は、『起業したい』『独立したい』という気持ちがいちばんなんです。僕は、すごく人間らしい商売だと思うんです。いまの時代に逆行してるアナログな商売っていうのか。小さな店だし、お金はそんなに儲《もう》からないとは思うけど、屋台は人間らしく生きていける仕事っていうのかな。お客さんとコミュニケーションをとりながら、自分のやりたいことができる。人間らしく生きていける商売って、意外にそんなにたくさんはないから」

＊

料理屋の形態が発達した江戸のころ、振り売りの移動販売や「屋台見世」と呼ばれる屋台が増えて、おおいににぎわった。寿司、天ぷらはそもそも屋台で売られはじめた食べものだった歴史を思い返せば、日本の食文化と移動販売とのあいだには、すでに深い関係がある。また、明治のころともなれば、豆屋、唐辛子屋、貝売り、飴細工屋、かりんとう売り、蜜パン屋……さまざまな屋台が行き交い、客を呼び入れる口上でにぎわった。いまかろうじて残っているのは、焼きいも屋くらいだろうか。ラッパを吹いて通りを流す豆腐屋も、ついぞ見かけなくなってしまった。

「とうふー、できたてのとうふー」

家のなかで売り声を聞きつけ、鍋を持って買いにやらされるのが子どもの役目だった昭和のころも、ひたすらなつかしい。

移動販売の屋台は、猥雑で活気のあるエネルギーを街にもたらす存在だ。かつては、銀座にも花屋やあべかわ餅屋などの屋台が出て独自の雰囲気を醸し出していたのに、いまではさまざまな取締法が施行されて見る影もなく、かつての銀座の佳《よ》き空気は失われてしまった。また、中央区のオフィス街でさかんにおこなわれている路上の弁当屋にたいして、東京都が衛生面を憂慮する動きもある。しかし、規制や取り締まりの網が何重にもかけられた街は、しだいに活力を奪われる。なぜなら、需要のあるところに商売は生まれ、売り買いはひとの生活を支え、文化を育むのだから。豊かなものを生み出す芽をあらかじめ摘み取れば、おのずと街の覇気が奪われる。だからこそ、都内ほうぼうに出現する移動販売のキッチンカーが頼もしい存在として映る。一国一城のあるじから手渡された昼の一食は、額に汗して働く者どうしのエールの交換だ。移動販売の味は連帯の味でもあるのだった。

かつサンドの秘密

つい手を伸ばして買ってしまうひと箱がある。駅や空港でお弁当を探すとき、いつもの律儀な様子で積み重なっているのを見ると、今日も代わり映えのしない選択だと思いつつ、やっぱり「これだな」。

「万かつサンド」、ひと箱七百円。出発時間が迫っているときに迷いたくない、あわてたくない気持ちもあるけれど、いつも決まったものを買うのは、それなりの理由がある。時間の余裕があるときもないときも、何度となく食べているから値段と満足感のバランスがわかってい て、手堅い安心感を覚えるのだ。旅のはじまりにがっかりするのも疲れるし、よけいな期待感に踊らされるのも面倒だという気持ちがある。そこで全部をゆだねてしまうのが、長年のつきあいで手の内のわかった「万かつサンド」というわけだ。

そもそもかつサンドは、サンドウィッチの特別枠だ。コロッケサンドにもチキンカツサンドにもメンチカツサンドにも出せない祝祭感がある。そもそもご馳走《ちそう》の「とんかつ」をパンにはさんでしまうところからして野蛮な感じで、かつサンドには弱みを握られている気さえする。

さて、「万かつサンド」は分厚いかつサンドがたっぷり六切れ、大の男も満足させる憎いやつ。箸を使わず、手も汚さず、ぱくっと食べられる便利さがありがたい。お茶だけ飲んで家を飛び出してきたときも、なにはなくとも売店にはアレが積んであるから大丈夫。旅の連れがいるときは、きれいに分け合って食べられるところもすてきだ。朝なら二人でひと箱、つまり三切れずつがちょうどいい。「万かつサンド」は、そのときどきの勝手な事情を完璧に充たしてくれる……などと理屈を述べてみたが、そもそも「万かつサンド」は永遠のロングセラーだ。ふっくらとしたパンにみしっと詰まった厚いとんかつ。甘辛く香ばしいソースを吸った衣《ころも》。指でつまんでひと切れ頬張ったときの、手堅い満足感が老若男女に愛されてきた。羽田空港の売店やＪＲ東京駅構内にある数カ所の売店では一日数百個が売れるというから、その人気ぶりがよくわかる。

見た目の地味な風貌が、またいい味を出している。ぱっと目に飛びこむ、わかりやすさを最優先したパッケージデザイン。お洒落っぽさを感じさせない丸っこい字体。牛の笑顔のロゴマーク。すべてにおいて肩ひじを張らない、「がんばらない」感じ。両脇には「モーちゃん　ブーちゃん」のイラストレーションが並んで、敷居の低さは天下一品だ。

しかし、素朴でシンプルなパッケージには、果敢な試みがたくさん隠れている。そのひとつひとつが「万かつサンド」のおいしさをつくっていると知って、わたしは「やっぱり！」と膝《ひざ》を叩いた。

まず箱の話からはじめよう。横十四センチ、縦九・五センチ、高さ四・八センチ。じつに手取りのよい設計で、バランスのよさは申し分ない。奇を衒《てら》っていないのに、なにかこう、たしかなものを受けとった確信をあたえる。しかも、厚手の紙はがっしりとして、そのままバッグのなかに入れても、びくともしない丈夫さに驚かされる。おなじ東京駅構内の売店で売っている某とんかつ専門店の箱は細長く薄いタイプだが、ちょっと押せばくんにゃり歪《ゆが》んでしまい、紙質にも造作にも雲泥の差がある。考えてみれば、移動する・運ぶことが前提なのだから、箱の造りも大事な要素だ。ちなみに東京駅構内には「特製かつサンド　サンドイッチ　おむすび」と看板を掲げた売店があり、四ブランドのかつサンドが並んでいる。「肉の万世」製のほか、老舗のとんかつ専門店、浅草と日本橋の洋食店各一軒、新しいとんかつを売り出して話題になった製品が鎬《しのぎ》を削っているが、それぞれの箱を比較してみると、「万世」の箱は一目瞭然、立ち姿がぴしりと際立ち、何個積み重なっていても垂直・平行が崩れない。

しかも、「万かつサンド」の箱には、ほかにない特徴がある。箱のふた、左右のミミ（内ぶた）までが、味わいに大きく貢献している。つまり、箱のなかの乾燥を防ぐと同時に、内部の空気を外へ逃がさないため。厳重に留められたシールを少々焦《じ》れながら、びりびりびり、と剥《は》がして開けると、箱の左右から大きな内ぶたが二枚延び、中心で手を組むように重なり合う。内ぶたの先端は波形で、コックさんの帽子に見立てたのだという。中央で重なる様子は手を組んでいるようにも見えるのだが、これは中身を守る役割を果たすとともに、乾燥を防ぐ効果も担う。さらには、内ぶたを左右に開くと白いシートが現れ、パンの左右と上下、つまり四方をカバーする二枚のシートが内身をくるりと覆っているのだ。サンドシートと呼ばれる特殊な紙は、切ったばかりの温かな中身を包んで乾燥を防ぎ、内部の湿気をほどよく保つ効果を持つ。あきれるほど丁寧で念入りな紙箱、内ぶた、シートの三段構え、箱のパーツひとつひとつに至

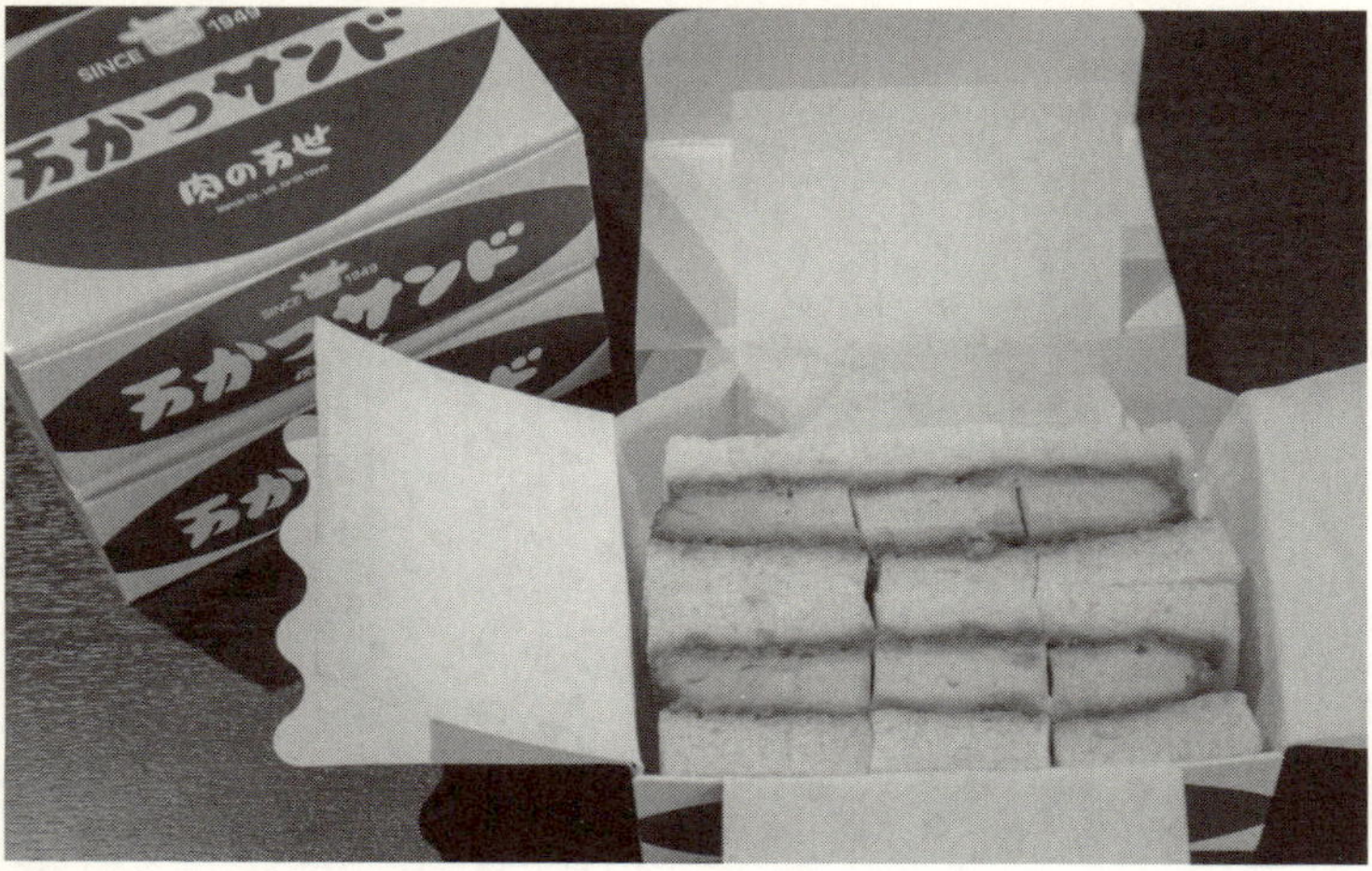

るまで、かつサンドに賭ける情熱が表れているのだった。

　さて、主役のかつサンドである。シートを開くと、ほわっと鼻腔をくすぐる芳《かぐわ》しいソースの香り、ふくよかなとんかつの匂い。六切れのかつサンドは威風堂々、箱いっぱいにすき間なく二段が整列する充実ぶりだ。いつ見ても惚《ほ》れ惚《ぼ》れとする六切れは、四センチ四方のみごとな直方体。パンの厚さ各一センチ、中身のかつ＋衣の厚さ合計二センチ、合計四センチのボリュームが誇らしい。しかも、パンの端まできっちり、とんかつ。まんなかの直方体など垂涎《すいぜん》もので、パンの白、ソースの染みた衣の茶色、ロース肉の肌色、美しいモザイク模様となって、もはや様式美。ほかの店のかつサンドを食べてみると、〈パンが乾き気味〉〈両端のパンが余って、ふがふが〉〈かつをはさんだパン生地が押し潰され、ねっとり粘っている〉……似たような値段なのに「万かつサンド」と較べると、ちょっと哀しい。一体感のあるおいしさ。これが「万かつサンド」の味わいの醍醐味だと思う。堅牢な箱で守られ、吸湿シートで余分な湿気が除かれ、中身はしっとりとしてみずみずしいのは、箱のなかで一種の蒸らし効果が生まれているからだ。

つくりかたは、とんかつ用の豚肉に衣をつけて揚げ、油を切り、温かいソースに浸してから辛子バターを塗ったパンではさみ、包丁を入れて六つにカットする。温かいうちに箱のなかに詰めるのだが、ここで行われている品質管理は「手でつくる」。「万かつサンド」には、そもそも「手でつくる」サンドウィッチの魅力が愚直なまでに体現されているのだった。

なぜこのロングセラーは生まれたのだろう。とんかつひとつとっても、追随を許さない度胸の約二百グラムだ。

「あのう。それが、偶然からはじまったらしいんです」

「万世」外商事業部課長・菅佳和さんが申し訳なさそうに言うので、訊き直すと返事はおなじだった。

「いろんな記録から推測すると、昭和二十年代にはすでにかつサンドを売り出していたようです。近隣の店で売り出したかつサンドが評判になっているのを知って、創業者が『当社は肉屋だし、とんかつを売っているのだから、もっとおいしいかつサンドつくれるよね』。ところが、つくったのはいいけれど、パンの大きさを考えていなかった。当初は大きさにこだわって、大ぶりなもも肉を使ったのですが、その大きさに合うでかいパンを焼いてもらうしかなくなって、仲間がいっしょになってどうにかかたちにしていった。つまり、食べたいものをつくるというシンプルな発想から生まれた、偶然の産物に近いのです。それを今日まで形を崩さずに守り続けてきました。ただ、パンを焼くオリジナルの型をつくったはいいものの、通常より二センチほど高いので、オーブンの内部も高くなければ焼けない。工場生産をしている大手のパン工場では焼くことができず、じつはどこにでも頼めるパンではありません」

「偶然の産物」だという。しかし、偶然を生み出すのも才能のうち。戦後の混乱も収まらない時期、現在の場所に斬新なガラス張りの精肉・惣菜店を開いた創業者の先見の明を、さらに証明するような話だと思った。

「万世」が産声を上げたのは昭和二十四年九月九日、創業者は鹿野明・ソノ子夫妻。そもそも電気部品を扱う店としてスタートし、ほどなく食肉を扱う店に転じたのは、食肉がいち早く統制をはずされたから。古新聞で包むのが当たり前だったご時世に、包装紙の絵には童画家・林義雄に描いてもらったカラフルな「モーちゃん　ブーちゃん」。ほどなく登場する赤い牛のトレードマークは、グラフィックデザイナー福田繁雄に依頼したもの。ピンときたら、新しいことはともかくどんどんやってみた。時代を先取りする行動力が効を奏して、万世橋の精肉店はなにかと話題を呼ぶ。「万かつサンド」が誕生したのも、いち早く衛生的な精肉店として成功したからだ。木のまな板の上で肉を切って売っていた時代にあって、ステンレス製の設備やガラス製ショーケースを導入して品質と衛生面のよさをアピール。世間の洋食志向を読んで、コロッケやサラダを売り出して人気を集めた。こうして初代と料理長がタッグを組み、満を持して世に送り出したのが「万かつサンド」である。

「昭和三十年代の半ばには、〝洋食ずし〟も人気だったようです」と菅さんに教えられ、また驚く（「だったようです」と伝聞調になるのは、なにしろ六十年近く前の話で、資料も散逸しているらしく、致しかたない）。昭和三十年代初めの稀少な印刷物を見ると、得意のローストビーフやハムを寿司飯の上にのせた〝洋食ずし〟は「12ケ入り　１００円」。「万かつサンド　６ケ入　１００円」「ハムサンド　１００円」とともに三大人気弁当になった。紙面に、大きな文字が躍っている。

「衛生と能率の作業場遂に成る！　大口受註態勢万事ＯＫ！」

赤い弁当用自動販売機まで登場させた鹿野夫妻の満面の笑みが目に浮かぶようだ。「万かつサンド」は、昭和という時代をあらたに牽引する頼もしい存在に違いなかった。

いっぽう、べつの不思議が深まった。「万かつサンド」は、なぜ現在まで生き長らえることができたのか。高度経済成長期、バブル期を経て、なぜ戦後七十年近く、「万世」の看板商品として荒波をかいくぐることができたのだろう。ここにもまた、ロングセラーの理由が隠れているように思われた。

ＪＲ秋葉原駅から徒歩二分、万世橋のたもとに建つ十階建ての通称「肉ビル」は、いっぷう変わった佇《たたず》まいである。すっかり秋葉原の土地に溶けこんでいるけれど、むかしながらの牛マークが輝き、赤い提灯《ちょうちん》がずらりとぶら下がり、一階の玄関ホールには創業者が蒐集《しゅうしゅう》した御神輿《おみこし》や陶磁器まで鎮座している。レトロといえば聞こえはよいが、あきらかに時代に逆行している。あちこちに下がる提灯に、そこはかとなく〝お祭り感〟が漂い、ビル全体が昭和の方角を向いている。では、時代遅れなのかと言われれば、そうではない。階上のレストランに上がってみると、ハンバーグやステーキを堪能している満員のお客の様子は、まぎれもなく平成二十七年二月の秋葉原の風景なのだから。

ところで、「万世」のロングセラーは「万かつサンド」だけではない。たとえば「排骨拉麺《ぱーこーらーめん》」は昭和四十一年に誕生して以来、根強いファンを持ち、新宿西口や有楽町で麺専門店を開くきっかけをつくった。からりと揚げた豚バラ肉をのせた麺は「ときどき無性に食べたくなる味」として、長年ファンを惹《ひ》きつけてきた。食べてみると、醬油風味がしっかり染みこんだ豚肉はインパクト十分、衣の味がだんだんスープに溶け出して、味の展開を楽しませるところにロングセラーの理由を垣間見る。排骨の隣にはシナチク、ほうれんそう、もやし。やっぱり、どこかなつかしい味がする。

この「排骨拉麺」が生まれたのも、精肉店ならではだった。昭和二十年代、大量の骨をはずして精肉にしていた本店で、牛や豚、鶏の骨がむだになっているのを残念に思った創業者が、まかないでスープをつくることを思いつく。肉が貴重だった時代、骨で取ったこくのあるスープのうまみはいかばかりだったか。そのおいしさが評判を取り、スープに合う卵麺を開発して「排骨拉麺」がデビューした。

昭和五十三年入社以来「万世」ひとすじ、現在は料理長として料理の現場を仕切る戸田実さんが言う。

「骨ひとつもむだにしたくないという精神が、『排骨拉麺』にはあります。そもそも肉屋ですから、いろんなものが残るわけですよ。牛の骨、豚の骨、あとは野菜。それらを何とか生かせないかという発想で生まれた麺です。まあ、ふつうのちっちゃい店では入れたくても入れられないほどの量をスープの仕込みに使っています。かつサンドにしても、パンの耳がどうしても余るわけですが、それも社内でパン粉にして、ハンバーグのつなぎに使う。パンの耳は、お客さまにお土産でお渡しすることもしていまして。その耳がまたおいしいんですよ。地下の居酒屋ではガーリックトーストにしたり。すごく評判がいいんです」

「万かつサンド」と「排骨拉麺」、ふたつのロングセラーに共通する精神は「むだにしない」。さらに戸田さんは言い足した。

「『排骨拉麺』の味は、ずっと変わっていません。味を変えないという意識、これは会社の魂みたいなものですよね。どのお商売も、みなさん守っていきたいものはおなじではないですか。うちの看板メニューにハンバーグがありますが、挽肉《ひきにく》、炒めた玉ねぎ、パン粉、卵、塩こしょう、材料の配合をとてもだいじに守っています」

「万世」の厨房では、いまでもむかしながらの徒弟関係が大事にされているという。戸田さんが入社した昭和五十三年当時は、まず洗い場からはじめて、つぎにガス釜の炊飯を一年受け持ち、ホールに出てさらに一年間サービスの現場を体験し、お客の気持ちを理解したのちようやく料理の現場に入ったものだという。先輩や周囲の仲間たちから料理の技術がじかに伝えられることで、「万世」の技術は受け継がれてきた。戸田さんは、むかしの「万世」の記憶をこう語った。

「秋葉原駅の改札を出た瞬間、叉焼《チャーシュウ》を煮たような香りが漂ってきて、『万世からの香りかな』。そのくらい『万世』の存在感は強かったものです」

万世橋のたもとに立つと、秋葉原の空が大きく広い。世界有数の電脳街として興隆するなど想像もつかなかった時代に、ここで生まれた数々の味が命脈を保ち続けてきたことが、東京の財産のひとつに思われてくる。

冬の昼どき、三階「万世」の席に座った。「肉ビル」は各階がレストランになっており、三・四階がハンバーグ、ステーキ、しゃぶしゃぶ、すき焼きを出す「洋食」フロア。ことに三階には鉄道ファン垂涎の席があり、すぐ下を通過する中央線の電車がパノラマのように迫ってくる景色は「万世」の自慢だ。

その特等席に陣取って、手渡されたメニューを開くと、子どものころに戻ったような気持ちになった。

万世ハンバーグ S 120g 1580円
M 180g 1830円
万世コンボセット S 120g（万世ハンバーグと海老フライ、目玉焼き） 2310円
ハンバーグとナポリタン S 120g 1900円

ジャンボハンバーグＬ２４０g　２３８０円
黒毛和牛鉄板焼Ｓ８０g　２０８０円
ツートップステーキ１２０gセット　３７２０円
ステーキとジャンボロブスター（万世ステーキ〈もも〉１２０g）５９８０円
サーロインステーキ（ヒレ下ロース２００g）５９８０円
しゃぶしゃぶ　すきやき（梅　黒毛和牛　肩ロース小８０g）４６８０円
※おかわり野菜（お一人前）＋６００円

ハンバーグとステーキを主役にしたメニューが、これでもかと攻めてくる。〈お新香かサラダ〉〈ライスかパン〉〈とん汁かポタージュ〉、いずれかを選ぶセット仕立てにも庶民感が満載だ。「ジャンボロブスター」がつく謎のステーキ（イチボの部位を注文すると六千六百八十円、リブロースなら七千三百八十円）にも息を呑んだが、週末には一日二、三十食は売れるというからコアなファンの存在がうかがえる。それにしても、なごやかな雰囲気だなあ。背の高いボックスシートなのだが、店内全体に流れるユルい空気が伝染してきて、ほんわかと行楽気分になってくる。隣の席のおばあちゃん四人組がなかよく食べているのはハンバーグ定食、その隣の外国人客はフォークと箸をぎくしゃく使い分けながらステーキとハンバーグに取りかかっている。秋葉原にやってきた観光客なのだろう。すき焼きやしゃぶしゃぶを出す「万世」は、日本の伝統食が食べられる店として旅のガイドブックにも欠かせない存在だと聞く。

私が選んだ「ツートップステーキ120gセット」が運ばれてきた。鉄板の上でじゅうじゅう弾ける音は、やっぱりいいものだ。いやがうえにも食欲がかきたてられ、ナイフとフォークを取り上げる手がいそいそしてしまう。こんがり焼き目のついたステーキ、デミグラスソースがたっぷりかかったハンバーグは、ツートップの名にふさわしいご馳走感をまとっている。何十年も前、デパートの大食堂で夢見た贅沢を思った。ハンバーグは、八日間を費やしてつくるというむかしながらのデミグラスソースの味わいがなつかしかった。眼下を走り抜ける中央線を眺めながら、「万世」の味に、日本人が憧憬を抱き続けてきた戦後七十年のおいしさが重なる。

「万世」が仕入れているのは黒毛和牛である。いっときは自社牧場で畜産まで手がけていたこともあったが、現在は産地は特定せず、北海道産、青森産、岩手産、千葉産などの牛を中心にA3ランクを仕入れ、霜降りより赤身肉のおいしさを訴求している。「万世」の扉を開けるのは、「今日は肉を食べたい」と思っているから。その明快な要求に応えながら、期待以上の満足感をあたえなければ次はない。執行役員・調理担当の剣持甚一さんは、畜産農家や牧場を回って肉の仕入れを担当してきた肉のプロだが、その姿勢から肉がもたらす現況も見えてくる。

「三歳の雌牛だけを仕入れ、各部位の特徴をそのまま生かす料理を心がけています。和牛はやはりロースが中心ですが、多少の脂っこさも出てくる。若い年齢層のお客さまには大きいもの、年配の方には脂身が少ないももやヒレの良質なところを少し召し上がっていただけるように。ここ四、五年で、Sサイズは百二十グラムに落ち着きました。やはり少しずつヘルシー志向になってきていますね。いっぽう、『肉を食べたい』というお客さまは、ここ数年で確実に多くなっているように思います」

とはいえ、飼料の高騰もあいまって、このところ和牛の出荷頭数が減ってきており、畜産農家経営のむずかしさが報道されている。影響はないのだろうか。

「和牛の値段は上がっていますが、安い価格でお出しするために肉の質を下げることは絶対にやりません。取引先とは、あらかじめ決めている独自の規格、月齢、体重の契約内容を守って取引しています。ただ当社が仕入れる三歳の雌牛はどうしても頭数も少なく、仕入れ価格も上がり気味です」

やはりお金を出してくださっているお客さまにたいしての責任がありますから、と剣持さんは繰りかえし言った——暇なときでも、忙しいときでも、つねにおなじものをきちんと出すことが大事なんです、味を落とさず、ずーっと守っていくことがだいじだと思っています。ハンバーグにしても、「素材を殺さないようにつくる」。その日ごとに挽く肉の混ぜかた、寝かせる時間、基本的なスパイスの配合、剣持さんが入社した三十年前から大きな変化はないという。

興味深い言葉を聞いた。

「野暮に、地味に、堅く、確かに」

「万世」の社是だという。地道ではなく、「地味」。しかも、あえて「野暮」と挙げるところに「万世」の真骨頂がある。この先、「万かつサンド」の箱のデザインを変える計画はありますか、と外商事業部課長の菅さんに訊いたときのこと。

「いえ、お洒落っぽいっていう感覚がこれなんですよね（笑）。もちろんレトロ感は意識していますし、また、茶色を制する願いというのがあるんです。そもそも茶色は、デザインに採り入れるのがとてもむずかしい色のようなのです。しかし、当社はなにしろ『野暮に、地味に』。社風のカラーとしての茶色がある。ですから、『変えない』というのが当たり前の認識なんですね。逆にいえば、なかなか新メニューが出ないという欠点があるのですが」

初代が考案した味と「野暮に、地味に、堅く、確かに」を恃《たの》みとし、「万世」は歳月を重ねてきた。受け継いだ仕事を繰りかえすことが、結果としてロングセラーを生み出す土壌を耕してきたのである。昭和三十〜四十年代の味がいまだに親しまれているのだから、「野暮に、地味に、堅く、確かに」の神通力にはただならぬものがある。

「お客さまがそのように万世を育ててくれたというふうに、私は思っております」

「つくる」のではなく、「つくられた」「育てられた」という謙虚さ、これが「万世」に伝わってきた気風なのだろう。

お客様相談室広報企画室マネージャーを務める大河原晃さんは少年時代、親に連れられて「万世」に通っていたのだという。当時、旧万世橋の駅のところにあった交通博物館は、鉄道好きの少年にとってあこがれの場所だった。その帰り、「万世」に寄って食べさせてもらったハンバーグのジューシーなおいしさは、いまだに鮮やかな記憶として忘れることができない、と。「万世」の味は、二代、三代先まで見据えた味だったと思うと、あらためて先見の明に驚かされる。

創業者、鹿野明が当時の記憶を綴《つづ》った一冊の本のなかに、こんなくだりがある。

「同業の会合の席で、品川に厚いとんかつを挟んだサンドヰッチの売れている店の話を聞いた。早速検食に行った。切り口をみてなるほどと驚いた。一目にて感動した為か、食味も上々で、此《こ》の様な物が此の値段（確か百円位だった様に思う）とは世の中には随分勉強する店があるものだと、大変感銘を受けて食べて帰ってきた。（現品を持ち帰るべきだった。）自店の調理場で同じ感じの物を作って貰《もら》って皆で食べた。中々評判が良い。よし此を万世でも売ろうという事で同じ値段で売り出した。

大変好評でよく売れた。原価計算すべきであったが、当時はよそでやれるものが万世でやれぬ筈《はず》がないと頭から定めてかかった。（此の軽率な早合点と一徹さは、今日いま尚《なお》改まらない正に慙愧《ざんき》の至りである。）」（『万世創業期の想い出いろいろ』）

いったん思いこんだら挑戦せずにはおられない前のめりの性分が、「万かつサンド」の追い風になった。原価計算の「幼稚な素人《しろうと》振りが恥ずかしかった」けれど、ほどなく「日増しに売れ続く」人気商品になったと書いて喜びを表すのだから、むじゃきで正直なひとだったのだ。ところで平成二十六年十月、久しぶりに待望の新名物が登場した。

パコリタン（ライス・とん汁つき）　１１８０円

正式な名前は「パーコーナポリタン」。ひねりのない命名の通り、スパゲッティ・ナポリタンの上にパーコー、つまり排骨をのせたひと皿。排骨は、排骨拉麺にのせているものとおなじで、ピーマンの細切りと白髪ねぎを添え、ナポリタンに緑と白を足してみたという。「肉ビル」は、ともかく一生懸命だ。

夢のかたち

時間潰しにとりあえず入った喫茶店で「え？」となった。すぐ隣のおじさんの白い皿が視界に飛びこんできたのである。「まさか、そんな」とおおいに動揺する。厚切りのトーストにどろんとカレーがかかっているのだ。

かたわらのメニューに手を伸ばすと、「軽食」と書かれた項目があるからゆっくり視線を動かして読んでみるのだが、トーストはあってもカレートーストはなく、カレーはあってもカレートーストはない。いっぽうおじさんは、カレーの匂いをあたりに振りまきながら、じつにうれしそうにカレートーストにかぶりついているのだった。メニューにない料理に出食わすと動揺する。

友だちがしきりに薦めてくれるのでずっと気になっていたカレーの店に、ようやく足を運んだ。六年前の話だ。代々木駅からまっすぐ歩いて小田急線の高架をくぐったすぐそこ、往来の激しい道路沿いにその店はあり、なかに入るとゆったりとした空間に大きな木のテーブルがいくつか配されたなごやかな雰囲気にくつろいだ。「キーマカリーがおいしい」と聞いていたから、あらかじめ注文は決めている。キーマは挽き肉のこと。しかし、メニューを渡されながら視線を動かしたとき、隣のテーブルのお客の手もとに目が吸い寄せられた。

キーマカレーに、しゃばしゃばのスープをかけている！　あれはなに？　いかにも慣れた手つきを横目で見ながら、不安が湧く。そのまま食べるのじゃだめなのか？　まだメニューに目を通し終えてもいないのにひとしきり空中遊泳に追いこまれてもがいているところへ、ただの「ドライキーマカリー」の一行をメニューに見つけ出して、ひとまずほっとした。

慣れないうちは読むのに時間がかかるメニューというのもありますね。複雑なことが書いてあるわけでも見知らぬものが並んでいるわけでもないのに、なんとなく理解する手間がいる。しかし、「ここには絶対おいしいものがある」と興奮のざわめきも伝わってくる、そんなメニュー。小説でも随筆でも紀行文でも、たとえごく短いコラムでも、おなじだ。こころに響いてきそうな文章は、字面からいい匂いが香り立っている。

（きっとここにはおもしろいことが書いてある）

もぞもぞと蠢《うごめ》く確信の気配は、読書をはじめる前の快感だ。目が読みたがって先走るのは、初めてのメニューを読む気分に共通している。

代々木「ライオンシェア」のメニューを二度めに読んだときも、そんな気分だった。初めての日は勝手がわからなかったけれど、店を出たあと、きっとメニューの読みかた、頼みかたはべつのいい手があるんだろうな、隣の女の子の手慣れた食べかたが気になってちょっとくやしくなり、半月も経たないうちに扉を押した。

キーマカリーセット　お好みのカリー　＋300円

【骨付きチキンベースカリー】チキンカリー　990円

トマトとチキンのカリー　990円

ほうれん草とチキンのカリー　990円

ほうれん草とトマトとチキンのカリー　1200円

野菜とチキンのミックスカリー　1400円

【スパイスベースカリー】ベジタリアンカリー　990円

ほたてカリー　1500円

【キーマカリー】特製ドライキーマカリー　990円

なすキーマカリー（ランチ限定）　1000円

そのほか夏野菜カリーや牡蠣カリーなどの季節限定メニュー、酢たまご一個百五十円、きゅうりのナンプラー漬け四百円などのサイドディッシュが並ぶ。酸味のあるさっぱりとした小さな料理が、しかも抑えた値段で並んでいるところに工夫が読みとれる。インドでアチャールと呼ばれる漬け物や和え物はカレーのだいじな付け合わせだ。

しかし、「キーマカリーセット　お好みのカリー　＋300円」の意味が、やっぱりよくわからなかった。【骨付きチキンベースカリー】【スパイスベースカリー】から選べばいいのだろうか。セットにして、カレーをかけるということか。じゃあどれをかければ「正解」なのか。

怪訝に思い、ふたたびまごつく。

「あのう二種類いっしょに注文したほうがおいしいですか」

するど、こんな答えが返ってきた。

「お好きなカリーを選んでいただくキーマカリーセットがいいと思います。最初からカリーをキーマにかけてもおいしいですし、途中までべつべつで、あとで両方をいっしょにすると、またおいしいです。好きなように召し上がっていただけます」

うちはキーマに自信がある、そこに【骨付きチキンベースカリー】でも【スパイスベースカリー】でも、どれかをかけるともっとおいしい——そういう控えめな主張なのでした。いったん糸口がほぐれれば話はシンプルだ。そして、教わった通りに食べたキーマカリーとほうれん草とチキンのカリーはびっくりするほどおいしかった。ぷちぷちした歯ごたえのナッティーな三分搗《づ》きごはん。鶏挽肉の風味が滋味深いキーマ。辛みとこくがたっぷり生きた汁気の多いカリー。キーマをそのまま食べたり、かけて混ぜたり、スープのようにカリーだけ飲んでみたり、ひと口ごとに深みに誘われた。ほかのどこにもない独自の味だった。町のあちこち、喫茶店から専門店まで雨後のたけのこのようにカレーに出合うけれど、そのなかにあって「忘れられないカレー」の座を得るのは簡単なことではない。

ところで、「ライオンシェア」のカレーにはルーツがある。それが、店主の吉野裕美子さんが修業した長野県松本市のカレーの店「シュプラ」だ。当時二十九歳、すがるような思いで摑んだ崖っぷちの味。あらためてメニューを手にして、思う。人生は五里霧中。

ラジオ局に勤めていた吉野さんが「シュプラ」のカレーを知ったのは、松本出身の同僚に「忘れられないカレーがある」と連れていかれたのがきっかけだった。何度か松本に食べに行くうち話が盛り上がっていき、東京でもこのカレーが食べたい、絶対売れる、共同出資して店を出そう、じゃあ誰か修業に行け、そして吉野さんが習いに行くことになった。直談判《じかだんぱん》すると、偏屈者で有名な店主が無愛想に「ああいいよ。明日から来い」。迷っているひまはなかった。すでに会社に辞表を出していたのだ。こうしてあわてて松本に飛び出したのが、ことの顛《てん》末《まつ》である。

「いま思うと、カレーのためというより、転機がほしかったからかもしれません。三十直前、そろそろもっと足が地についた仕事がしたくなっていた。料理はまったくできなかったけれど、『シュプラ』のカレーを教えてもらえれば、この先なんとかなるんじゃないかと」

楽観的で向こう見ずな気性が気に入られたのだろう。直談判した翌日から、吉野さんは猫の手になった。年中無休で昼夜働き通しだから友だちもできず、師匠となった店主（このひとも脱サラでカレー屋をはじめた）に朝から晩まで怒鳴り散らされ、たまに入りに行く温泉だけを唯一の楽しみにした。ストレスが溜《た》まるのは当然で、食べることに逃げたから一気に太った。しかし、そんな状況を救ったのもカレーなのだった。

「カレーの汁を飲むと安心したんです。ものすごく落ち着いた。油をほとんど使っていないからダイエットにもなるし、ごはんにかけなくても、それだけでおいしい。当時は全然お金がなくて、食べるのは朝から晩まで毎日カレー。それでも飽きなかったし、おいしかった」

吉野さんは、カレーを「汁」と言う。汁のように飲んで心身にじわーっと染みこんで滋養と活力になる、それが「シュプラ」のカレーなのだった。吉野さんはいまでもその体験が忘れられない。だからこそ、修業に耐えて一年後に松本から戻って自分の店を実現させたとき、「キーマと汁のカレーをいっしょに食べてもらいたい」。思いの丈をこめたら、オリジナルのメニューができた。

仕込みは毎日。つくり置きはせず、寸胴鍋で【骨付きチキンベースカリー】と【スパイスベースカリー】の二種類のベースをこしらえる。スパイスは師匠直伝、ホールスパイスと粉のスパイスを使い分け、クミン、クローブス、ベイリーフ、唐辛子、コリアンダー、フェヌグリーク、ターメリックなど。材料は炒めた玉ねぎ、スパイス、にんにく、しょうが、水、風味づけのケチャップ。チキンカリーの鍋は四時間、スパイスベースの野菜だけの鍋は二時間煮こむ。オープンして六年、煮こむカレーの味は自家薬籠中《やくろうちゅう》のものにしたけれど、いまだに課題がある。それが、ほかでもないキーマだ。

「松本から帰ってきて、教えてもらった通りにつくっているのにキーマだけ全然おなじ味にならない。困り果てて電話すると、じつはわたしの知らない秘密がありました」

おいしさの秘密は肉だった。師匠がわざわざ仕入れていたのは、脂肪分が少ないぶん味が濃く、うまみが強い親鶏のもも肉だったのである。荒い修業に耐え、ついに自分の店を構えた弟子の本気を知って、師匠はようやく秘密を明かす気になったのである。さっそく肉屋から仕入れてみると、果たせるかな、まったくおなじ味になった。ただし、親鶏の肉であればいいというわけではない。鮮度と質のよさでまったく味が違ってしまうのだ。

「いつも肉屋さんとの闘いなんです。いまでは肉を見ただけで仕上がりの味がわかる。今日はおいしくつくれるとわかると、六キロを炒めるのも楽しいけれど、そこその肉かな、という日はつらい四十分です。スパイスの配合では補えない味です」

この六年、吉野さんの味はずいぶん進化を遂げた。開店当初は舌がひりひりになるほど辛かったのは、「無理して肩ひじ張ってた。気負っていたのかな」。米酢と醤油、にんにく、唐辛子にひと晩漬けこむ酢たまごは「〝ビジュアル的に卵があると男は機嫌がよくなる〟って言われてつくったら、大人気になっちゃって」。でもサモサは生地づくりが大変で「好きなお客さんがいるからやめられなくて、泣きながらつくってます」……創意工夫と悲喜こもごもがみっしり詰まっている、それが「ライオンシェア」のメニューだ。だから、じっくり読まされてしまう。


去年の暮れのことだ。「ライオンシェア」のルーツが断たれた。なんの前触れもなく松本から一本の電話があり、あいかわらずぶっきらぼうにひとこと「そっちに荷物を送ったから」。不審に思いながら届いた荷を開けると、使いかけのスパイスがどっさり入っている。いやな予感がして周辺に確かめると、三十年続いた「シュプラ」は年末にとつぜん閉店していた。その日、吉野さんは動揺のあまり、厨房で手が震えて止まらなかったという。

代々木の道路沿い、ライオンズマンションの一階にある「ライオンシェア」の居心地はとてもいい。好きなカレーを好きなように食べながら、おしゃべりしたり、本を読んだり、ぼんやりしたり、みんな思い思いにくつろいで自分のうちにいるような気分になれるから、つい長居をしてしまう。吉野さんがこの物件を見つけたとき、内装は八〇年代のカラオケスナックのまま、赤いベルベット張りのソファ、壁いちめん鏡張り。交通の便も悪いし、さすがにどうなのよと腰が引けたが、でも出発は最低線からがいいんじゃないかと思い直してこころを決め、共同出資した仲間といっしょに改装にはげんだ。

きっとここには、吉野さんの代々木での六年間、松本で単身暮らした日々、失われてしまった師匠の店、店を支える仲間との絆《きずな》、通ってくるお客、それらがふかふかの藁《わら》のように堆積しているのだろう。それがメニューに滲み出ている。去年、もっとわかりやすくしたいから、と料理写真入りに変わった。待っているあいだ、やっぱりメニューに並んでいるカレーの写真を眺めてしまう。

読んでもよくわからないメニューに出くわすことがある。これは、あせる。だって、そもそもメニューはわかりやすさが一番の条件なのに、ひとを困惑させる封じものみたいなメニュー。でも、いったん解読してしまうと、こんどは（自分はわかっている）と優越感をくすぐられるから、事情はいっそうこみ入ってくる。

その手本のようなメニューが銀座のどまんなかにある。

蒲田（その先）玉子付　Large size　元気な方　740円
大森（大盛）玉子付　Standard size＋egg　630円
大井（多い）Medium size　辛いの好きな方　530円
品川（その手前）Small size　ダイエット用　480円

銀座二丁目柳通り、プランタンのすぐ近く「辛来飯とコーヒーの店　ニューキャッスル」のメニューだ。「ニューキャッスル」は銀座の奇跡である。ごく当たり前のように周囲に溶けこんでいるけれど、まじまじと眺めてみれば、東京の一等地にバラック建てのトタン葺《ぶ》きの屋根と壁。前に立つと、ふっと時空がずれる。ここはほんとうに銀座だろうか。わたしが初めて「ニューキャッスル」の扉を押したのは三十年ほど前だが、当時から佇まいも味もいっさい変わらない。かといって、老舗と呼ぶのは他人行儀な感じ。なんといっても、「ニューキャッスル」こそ貴重な銀座の生き証人なのだ。あたりいちめん焼け野原だった昭和二十一年から、ずっとここ。むかしながらの建物を守るのは「和光」の時計台だけではない。

辛来飯はカライスと読む。つまりカレーのこと。先の四つのメニューはカレーの名前である。わかってみればなんのことはないが、わかるまではなんのことやら。すんなりとは理解しづらいメニューだから、ここでカレーを食べていると何度となくおなじような問答を耳にすることになる。たとえば、こんなふう。

「すみません、品川って、どのくらいの量ですか」

「ほんのちょっと。ちょっぴりなんですよ」

「じゃあ大井は」

「ふつう盛りだけど、男のひとにはちょっと少ないかしらね」

「え。でも『多い』って書いてあるんですけど」

「でも多くはないんです。男性なら大森がちょうどいいと思います。目玉焼きものっかってます」

「……じゃあ大森にします」

「はーい、スタンダードひとつ」

メニュー自体がそもそも駄洒落《だじゃれ》なのだが、二代目店主夫婦は大まじめ。「いらっしゃいませ」「お待たせしました」「またお待ちしております」。迎える声も送り出す声もいつも軽やかで、ほんとうに気持ちがいい。時計の針が昭和のまんなかあたりで止まったような空間にあって、人肌のぬくもりの感じられる会話が今日も相変わらず繰りかえされている。カレーのメニューは京浜東北線の駅の順番だ。「大井」（多い）は量がふつう、目玉焼きなし。「大森」（大盛り）はふつうより多め、目玉焼きつき。わかりやすいはずの駄洒落なのに、なぜかすんなりとはわかりにくい「伝説のメニュー」。もちろん、刺激のつよい独特のカレーの味も、いまなお銀座の隠れた名物だ。

「ニューキャッスル」のカレーもまた、一度食べるとくせになる。脳内の刺激物の引き出しにだいじに格納しておきたくなる味。見た目はなんのへんてつもない。肉も野菜もなんのかたちも見えない焦げ茶色のカレーがとろんとごはんにかかっているだけなのに、まったくあなどれない。ひと口食べると、おや、味の向こうにひと山あると察知して味覚がよろこぶ。ふた口、み口、奥のほうへ招き入れられ、しだいに辛さが舌を刺して快感に変わりかけたころ、なぜかいつも皿のなかがなくなってしまう。だから、あとを引く。もっと食べたいというときに終わってしまう、そんな不思議なカレー。

「ニューキャッスル」は、戦後から平成の今日までなぜ銀座に残り続けてきたのか。その謎を解く鍵もまた、メニューの最後にマジックインキで書かれた一文のなかに隠されている。

「尚当店のスタッフは家族構成に付人件費節約分だけ安価提供させて頂いております」

ずっと家族だけでやってきた。銀座がすっかり復興して土地の値段がどんどん高騰してバブルの時代に突入しても、売らない、建て替えない。コーヒーはずっと二百円でがんばってきた（いまは泣く泣く十円値上げして二百十円）。いつまでも下駄履きで入れる店でいたい――信念をかたくなに持ちながら、八十八歳まで「ニューキャッスル」を頑固に守ってきた店主、それが初代の柳田嘉兵衛さんである。メニューの生みの親も、もちろん嘉兵衛さん。カレーを食べに行くとエビスさまのような福々しい笑顔がおおらかで、こまかいことを気にしない豪快な性分になごんだ。銀座にもこんな店があるんだと愉快な気分にさせられた。

二代目を継いだ現在の店主、宮田博治さんは嘉兵衛さんの長女、美佐子さんの夫である。平成七年、サラリーマンを辞めて店を手伝いはじめた。

「おじいちゃんは『味は教えないよ、見て覚えなさい』。辛さも材料もつくりかたも、まったくおなじなんですが、私のほうが丁寧につくってるぶんダイナミックさが足りない。おじいちゃんの味はその日ごとにずいぶん違っていて、逆にそれが楽しみだというお客さんもいらっしゃいました。常連の方に『悪魔的な味』なんて言われたりして」

このユニークなカレーこそ、嘉兵衛さんの激動の人生のたまものである。銀座のあちこちには名だたる洋食屋が軒を並べているが、洋食ではない。家庭の味でもむかしの味でもない。インドや東南アジアの系譜でもない。どこにもない「大森」や「蒲田」をつくり出したのは、大正、昭和、平成を歩き通したひとりの日本人の軌跡である。

「ニューキャッスル」、つまり「おれたちの新しい城」。この名前に、戦後の日本人のこころに灯っていた希望の光を見る思いがする。焼け野原の一角、南京から引き揚げてきた男たち七人が出資して手に入れた土地を「ニューキャッスル」と命名し、当時珍しかった喫茶店が誕生した。七人のうちのひとり、嘉兵衛さんが進駐軍から仕入れて淹《い》れるコーヒーはあっという間に評判を呼び、店の前には連日行列ができる人気になった。すぐ近所に読売新聞の社屋があったからコーヒーの出前も大繁盛、銀座で初めて冷房を入れて「銀座の軽井沢」を謳《うた》ったこともある。代表して店を引き継いだとき、策を練った――いずれコーヒーは珍しくなくなる。先手必勝、つぎの一手はカレーでいこう。

そもそも嘉兵衛さんは時代の先端を歩いてきたひとだった。大正二年生まれ、浅草六区で芝居の照明係（エノケン〔榎本健一〕の舞台の照明も担当した）を務め、当時の娯楽の花形、映画の映写技師として活躍する。日本が日中戦争に突入して召集されたのは昭和十三年、中国から復員後、十八年に上海へ渡り、魔都と呼ばれた都市の空気をたっぷり吸ったあと南京へ移り、映画館「南京東和劇場」の支配人になった。南京の名士としてもてはやされたが、戦局が変わって反日の嵐が吹き荒れるようになると、運命は一転。敗戦と同時に収容所に収監され、着の身着のままで日本に引き揚げてきた。そして、いよいよ起死回生の「ニューキャッスル」。

「おじいちゃん、ネパールとか四川を旅してカレーの味をさんざん研究したようです。ただのカレーじゃおもしろくない、ちゃんと辛いカレーにこだわった。野菜と果物だけでつくるのですが、私が『肉を入れたら高く取れるんだよ』って言っても受けつけてくれませんでした。カレーは大衆の食べものだから安くなくちゃいけないと言うんです」

カレーは毎日仕込み、一日寝かせてから出す。小麦粉を炒めてルーをつくり、飴色に炒めた玉ねぎ、ピーマン、にんじん、じゃがいも、青大豆、くこの実、にんにく、しょうが、りんご、バナナ……新鮮な野菜と果物だけでつくるのも、だしは自家製の豚骨スープを使うのもずっとおなじ。

「ともかく手間がかかるんです。でも、おじいちゃんが『この味じゃなきゃだめだ』。あらためて考えてみたらすごいですよね、料理人じゃないのに自分ひとりでアイディアを絞って一品、家族だけで銀座で六十何年もやってこられたっていうのはね」

お客さんから「不思議な味ですね」ってよく言われるんです、と宮田さん。目玉焼きをのせたのは辛さをやわらげて食べてもらうための創意工夫だったが、その思いつきも当時の東京でいちばん早かった。それにしても、ほんとうに不思議な味だ。こくがあるのに、さらっとして

辛来飯
蒲田(その先)玉付 740円
大森(大盛)玉付 630
大井(多い) 530
品川(その手前) 480
おことわり!!
銀座 ニューキャッスル
Tel 3561-2929
コーヒー 210円
紅茶 210
ミルク 210
コーラ 210
アメリカン コーヒー 270
スープ 270
ミルクコーヒー 270
トースト 210
ビール(生) 450
ワイン 370
¥450
麦一〇〇%を、爽やか搾り。
NIPPON ICHIBAN

いる。食べているときは辛さを忘れるのだが、食べ終わったあと、辛さが舌の上にぐんぐん戻ってくる。福神漬けもまあよく合うこと。けっきょく、きっちり記憶に残る。色もなんとも独特の茶色ですしねえ、とつぶやくと、宮田さんが「あ」と言った。

「あ、あの色はね、天丼の色なんです」

カレーと天丼。意味がわからなかった。

「ほら、浅草に『大黒家』って老舗の天ぷら屋さんがあるでしょう。おじいちゃん、むかし浅草で映写技師をやってたから『大黒家』さんの天丼が大好きだった。ボリュームがあって、色も濃くて、満足できて、うちのカレーもあんなふうにしたいというのが口ぐせでした」

「ニューキャッスル」の味の不思議が少しほぐれた気がした。カレーをつくりながら、嘉兵衛さんは日本人の魂に触れる味からずっと離れなかったのだ。葛飾で生まれ育ち、子どものとき関東大震災に遭い、中国でいい目もみたけれど、戦争で立場が逆転してどん底暮らし、焼け野原に悄然《しょうぜん》と立ちすくんだ。裸一貫、「新しい城」を築いてきた波瀾万丈の軌跡は、日本人の庶民の生活史にそのまま重なる。

駄洒落のメニュー、あれは決してふざけたわけではなかったのだ。「大盛り」だの「多い」だの、たった四種類なのにこまかく量を分けたのは、ぜんぶ食べてもらいたいという願いではなかったか。その日の食いぶちにも困る空腹の時代を生きてきたから、残すのも残されるのもたまらなかったのだ。駄洒落は、照れ隠し。

嘉兵衛さんは平成十四年、八十八歳で生涯を終えたが、「ニューキャッスル」は今日も銀座二丁目の一角でバラック建てのまま、風雪をものともしない佇まいが痛快だ。お客は老若男女多士済々、青春時代の記憶をたずさえて、子どもを連れて訪れるひともいる。嘉兵衛さんが亡くなったと知って花束を抱えてやってきて、涙を浮かべるひともいる。そしてみんな、「蒲田」「大森」「大井」「品川」、各駅停車でカレーを食べてゆく。

日本人のつくるカレーには夢のかたちがある。だからカレーは何度食べても飽きないのだろうか。

〔追記〕「ニューキャッスル」は平成二十四年七月にビルの老朽化のため閉店したが、平成二十五年六月、店のお客だった飯塚健一さんが味を引き継ぎ、同じ柳通りに復活させて奮闘中である。

だからジュースタンド

中央線吉祥寺駅三・四番ホーム、午前十一時過ぎ。スーツ姿の若い男性のふたり組が肩を並べ、手に持った紙コップの中身をくーっと飲み干している。お、やってますね。ジューススタンドに先客がいると、急に仲間意識が芽生えるのはなぜだろう。電車がホームに滑りこんでくるまで二分足らず、あわただしくお姉さんに注文する。

「柚子《ゆず》とりんごジュースのS、ください」

「ありがとうございます。二百円です」

S二百円、M二百八十円、L三百二十円。定番のミックスジュースのSは百五十円、季節限定のぶんだけ五十円高い。小さな紙コップだから、電車を待っているあいだにさっと飲み干せるので、今日もつい。

駅のホームや構内にジューススタンドがどんどん増えていて、びっくりする。吉祥寺駅とおなじ「HONEY'S BAR」は、山手線や中央線などJR各駅のホームやコンコースですっかりおなじみだ。通勤や通学途中にきゅっと一杯、季節のフルーツや野菜のジュースには、コーヒーや紅茶を飲むのとはまったく違う充足感がある。

ジューススタンドは、健康志向の追い風を受けて、老若男女を誘いこむ誘蛾灯のようだ。駅の改札を出たところでも、お出迎え。新宿駅中央東口改札を出た真正面では「フルーツクチュールＴＡＫＡＮＯ」が、「ビタミンは足りていますか」「身体にいいこと、やっていきませんか」と無言の誘いをかけてくる。マスクメロン、バナナミルク、ストロベリーヨーグルト、グレープフルーツとラズベリー、パイナップルとライチ、マンゴーオレンジ、野菜のジュース〝ビタミンキング〟の名前もちゃんとある。新宿駅のコンコースもジューススタンドの激戦区だ。メトロプロムナード入り口には「ジュースの森」。いちごバナナ、ストロベリー、バナナミルク、くだものミックスなどの定番にくわえて、オレンジやにんじん、りんご、レモンにしょうがを入れたジンジャー二百五十円。おなじ「ジュースの森」でも、地下鉄の大手町駅構内では、ほうれんそう、バナナ、りんごのポパイグリーン三百円があるから、サラリーマンがターゲットのようだ。小田急百貨店の地下入り口近くの「ＡＩＷＡＦＯＯＤＳ　手作りジューススタンド」は、巨峰とカシス、ザクロとレモン、あんずヨーグルトなど独自の路線を出して、百五十円と安い。ひと口にジューススタンドといっても、一軒ずつオリジナルな工夫がある。閉店してしまったのが惜しまれるけれど、東京駅の八重洲地下街にあった「アシタ・バー」は、生のアシタバを搾《しぼ》ってつくる緑のアシタバジュースがサラリーマンの人気の的だった。人の往来のあるところ、ジューススタンドの姿がある。

　ジューススタンド、百花繚乱。デパ地下でも、食料品売り場のかたすみとはいえ、その充実ぶりに驚かされる。髙島屋、松屋、西武百貨店、東武百貨店、小田急百貨店、マルイ、三越、東急百貨店……おいしいジューススタンドは、デパ地下のお約束である。ついつい買い物欲に煽られるデパートのなかにあって、ジューススタンドは貴重なオアシスだ。通路脇の落ち着かない場所にあるのだが、その雑踏感がかえって落ち着く。

そもそもデパ地下でジューススタンドがはじまったのは昭和四十五年、大阪・阿倍野の近鉄百貨店で、傷もののフルーツを使ってつくる一杯三十円の安さで大ヒットした。デパートのひと混みのなか、冷たい甘さで癒してくれる親切感が受けたのである。つい先日、伊勢丹のデパ地下でベリーとオレンジのまっ赤なジュースを飲んでいると、隣に座った初老の夫婦連れがストローでジュースをちゅーっと吸い、ほっと息をついてつぶやいていた。

「ほっとするわねえ。これ飲んだら急に元気が出た」

「あー生き返った〜」

「わたしも〜」と言いそうになった。久しぶりのデパートだからつい張り切ってしまい、電池切れになって地下一階まで降りて地下鉄口へ抜けようとしたとき、ふとジューススタンドに吸い寄せられたのだった。人混みのなかで気力が萎《な》えたところへ、一杯の冷たい甘さ。コーヒーや紅茶はのんびりさせてくれるが、一杯の冷たいジュースはしゃきっと冴えるカンフル注射のようだ。

ただし、玉石混淆《ぎょくせきこんこう》である。気分を一新してくれても、同時に栄養効果を併せ持つものとなると、多くはない。店頭のミキサーに入れっぱなしになっているジュースには、じつは着色料をはじめいろいろな添加物が入っているものもあると知ってしまえば、無条件に「身体にいいこと」ではなさそうで——。

新宿御苑前に、伝説の野菜ジュースの店「ぴーまん」がある。昭和五十四年にオープンして以来三十四年間、まったく変わらないオリジナルなスタイルで、砂糖、水、蜂蜜、着色料一切なし。契約農家から取り寄せた野菜を中心に、ジュースのメニュー数は五十種以上もある。「1種野菜」「3種野菜」「5種野菜」「6種の果物ミックスジュース」「バナナ&豆乳ミックスジュース」「野菜&4種果物ミックスジュース」……どこから攻めても迫力いっぱいだ。

5種野菜　各100円
緑ジャンボ（生活習慣病・貧血） 小松菜・パセリ・緑ピーマン・ほうれんそう・ヤーコン・りんご・レモン
黄緑ジャンボ（シミ・胃痛） ゴーヤ・セロリ・緑ピーマン・キャベツ・ヤーコン・りんご・レモン
黄色ジャンボ（疲労・便秘） カボチャ・れんこん・黄ピーマン・トマト・ヤーコン・りんご・レモン
橙ジャンボ（乾燥肌・冷え性） カボチャ・黄ピーマン・にんじん・トマト・ヤーコン・りんご・レモン
赤ジャンボ（高血圧・肝臓） ビーツ・にんじん・トマト・赤ピーマン・ヤーコン・りんご・レモン
紫ジャンボ（眼・肝臓） 紫キャベツ・にんじん・赤ピーマン・紫いも・ヤーコン・りんご・レモン

全メニューに君臨する王者、別名「命の水」はこれだ。

14種野菜　ミックスジャンボ　５００cc　１１５０円

（ケール・にんじん・セロリ・パセリ・小松菜・ほうれんそう・ピーマン・カボチャ・ヤーコン・トマト・キャベツ・だいこん・きゅうり・サニーレタス・りんご・レモン）

「ぴーまん」名物ミックスジャンボは圧巻だ。特大ジョッキにグリーン一色のジュースがなみなみ。覚悟を迫る異様な光景だが、飲んでみると、爽快な飲みやすさに予想を裏切られる。注文のたび、低速回転ジューサーに十四種類を少しずつ入れ、時間をかけて液体だけゆっくり抽出する。ストローからすーっと入ってくる十四種類ぶんのエッセンスが、たちどころに五臓六腑に染み渡る。いま身体に浸透しているなあ、とリアルに感じながら、いつもあっという間に飲み干してしまう。

「ぴーまん」には、三十四年の歴史がつくったスタイルがある。ジュースのベースは、便秘解消、疲労回復、食欲増進など天然の薬効を持つりんご。当初は高速ジューサーで搾っていたが、二十五年ほど前から低速ジューサーに切り替えた。毎分九十回の低速でギアが回転し、すり潰すようにしてゆっくり搾るので、粉砕による酸化が少なく、ビタミンCが残りやすい。ジューサーに素材を入れるときは、まず最初にレモンを入れ、にんじんに含まれているビタミンCを壊す酵素アスコルビナーゼの働きを抑える。注文を受けてから一杯ずつ搾るのは、時間経過による酸化を防ぐため。繊維を取り除くのは、胃腸に負担をかけずに食物繊維を摂《と》るため……一杯のジュースに配慮と工夫がたくさんある。

この店を開いたのは、当時出版社に勤めながら不規則な食生活に悩んでいた女性オーナー。そもそも自分の健康を守るためにはじめたが、同時に、自分にしかできない仕事をしたい、社会貢献をしたいという意志が「ぴーまん」を支え続けてきた。頑固一徹な考え方に共鳴して、二十年来、店長を務めるのが立花司《つかさ》さんだ。

*

「二十年前は、OLの方をはじめ美容を目的にいらっしゃる女性ばかりでしたが、客層ががらりと変わりました。まず、男性がとても多くなった。おひとりでいらっしゃる方も多いです。男性が増えた要因は、食生活について社会的な啓蒙《けいもう》が進んだこと、結婚年齢が高くなったことなどでしょうか。店内にとどまる時間も短くなっていて、健康のために飲む意識がはっきりしている。美容目的の男性や芸能関係のお仕事の方、バブル期のような生活がやめられなくて、中和するため（笑）にいらっしゃる方も。全体としては、食生活に限らず日常生活に注意なさっている中高年のお客さまが多いです。

野菜ジュースの店、増えてますよね。この近所でもたまにできるんですが、すぐ閉じられます。大変なんですよ。なかなか利益も出ないですし、あれだけのお野菜を、水をまったく入れず、時間と手間をかけて搾っていると、仕事として成り立ちづらいんです。

最近はお手軽で安いものが氾濫しているのをよく見かけますが、うちのミックスジャンボを飲まれる方は、『千百五十円じゃ安すぎる』『値上げしたほうがいいんじゃない？』とおっしゃる。というのも、自分でつくってみた、もしくはつくりかたを知っていて、どれだけ野菜の量が必要か、その手間がどんなに大変か、よく理解してくださっているんですね。

減農薬の野菜を調達するのも大変です。野菜は契約農家から仕入れているのですが、不作の年も豊作の年もありますし、仕入れ値も時価の影響を受けます。たくさん入ったときに仕込んだり冷凍することも一切できないので、一杯千百五十円でもきついというのが実情です。巷《ちまた》に氾濫しているジュースには漂白剤や変色止めが入っていることが多いのですが、そういうものをまったく入れないで作ることの価値を、お客さまのほうがよくご存じなんですね。または、病気のために食事制限が必要な方、積極的に野菜を摂って『ガンを治したい』という方も結構いらっしゃいます。すごく熱心に研究なさっていて『ここのジュースじゃないとだめ』とおっしゃってくださる。

長年通ってくださるお客さまのなかには、好きが高じておなじジューサーを買われた方がたくさんいらっしゃいます。でも、けっきょくは戻っていらっしゃる。みなさん、異口同音に『自分でやるのがいかに大変かわかっていなかった』。やはり、これだけの種類の野菜や果物を買うと、運ぶときも重いし、機械の洗浄にも手間がかかるんです。

一杯ごとに使う野菜の量が多いので、おのずと一日に使う量はびっくりするほどになります。鮮度を保つ以前に、野菜を切らさず仕入れることのほうが大変。コーヒーならその大半は水ですが、うちの場合は水を一滴も使わないので原価率が高い。農家さんたちがそれを理解してくださるので、野菜の値段が高騰したからといって値段を吊り上げたりなさらないし、みなさん誠実な方たちなので、それが救いになっています。

自分でもおなじものを飲んで生活してきて、やっぱり生のジュースを摂っていると体調や肌のよさは全然違う。体調が悪いとき、ニキビなど吹き出物ができたとき、飲めばスーッと改善するんですね。年末年始に長期休暇に入るとてきめんで、まず便秘がはじまる。お客さまもよくわかっていらっしゃって、電話注文してテイクアウトなさったり、閉店間際のときは『じゃあ、持ち帰ります』。やっぱり体調が全然違うから、なんとしてでも買って帰りたい。

私がすごく感じるのは、東日本大震災のあとのお客さまの変化です。やはり、社会全体が真剣に人生や社会のことを考えはじめている。一杯ずつの手づくり、こだわった食材でつくっていることを歓迎してるんだなぁ、と。チェーン展開しているコーヒーショップでも、やはり一杯ずつ淹れてらっしゃったり。売れればいいという気分が蔓延していた時代を経て、不況になって、みんな真剣に考え出したように思います」

＊

「ぴーまん」の生野菜ジュースには説得力がある。「健康にいいから、まずくても構わない」ではなく、「健康にいいからおいしい」。がまんしてストレスを感じながら飲むのは本末転倒だという考えかた。おいしく飲むための工夫があるからこそ「ぴーまん」の三十四年の歴史があり、支持を集め続けるのだろう。野菜を食べなくては、と気づいていても、たっぷり食べるのはなかなか大変、でもサプリメントに頼りたくない……ジレンマを抱えているところへ救いの手を差しのべる「ぴーまん」は、たしかに新宿の救世主なのだった。

銀座にも救世主はいる。銀座一丁目「銀座青汁スタンド」。昭和六十年以来ずっと、銀座で隠れた人気を集めてきた。開店は朝九時、常連の男性客がドアを押して入ってきて、「小ちょうだい」。カウンターでコップを受け取ると、立ったままその場でくーっと一気に飲み干し、とんと置いて「ごちそうさん!」。Uターンして帰っていった。滞在時間一、二分、あまりにかっこいい飲みっぷり。妙齢の女性客も、すーっと入ってきては、ごくごく飲み干してゆく銀座一丁目の裏通り。

青汁　コップ一杯（小）２６０円
（大）５２０円
回数券あり

ガラスのコップのふちまでこぼれんばかり、とろんと濃い緑が目に染みる。混ぜものなし、無添加。ケールだけでつくった生の青汁の存在感は絶大だ。飲み慣れていなければ一瞬ひるむところだが、いったん慣れればありがたくて目尻も下がる。一日一杯、この青汁を飲まないと物足りないという常連客がたくさん。わたしも、ふと飲みたくなることがあるのだが、そんなとき「身体が求めている」のを感じる。身体が覚えていて熱烈に欲しがる味。中身がこぼれないよう、そろりとグラスを持ち上げて口に近づけ、ひと口啜ると鮮烈な緑の風が吹く。続けてふた口、三口。なぜか惹きつけられる。

青汁の生みの親は、岡山県倉敷市・倉敷中央病院元院長の遠藤仁郎博士。昭和十八年、軍医を務めていた遠藤博士は、食糧難の時代にあって野草を乾燥させた飲用法を発案し、兵隊たちの健康維持に役立てた。二十九年、素材をケールだけに絞り、遠藤博士の妻ヒナ子さんが「青汁」と命名、しだいに全国に普及してゆく。ケールは、農薬も化学肥料も使わず、畑の土づくりから設計して栽培した千葉、山梨、岡山の契約農家のものだけ。青汁を飲むと、そのまま畑の土につながっている信頼感を抱くゆえんである。

「ケールをそのまま食べてみませんか」

店長さんに勧められて、搾る前のケールを食べてみた。直径四十〜五十センチ、ケールの葉は丸くて大きな扇のよう。葉が開いたキャベツの巨人みたいな風体《ふうてい》である。あちこちに虫食いの穴があるのは、農薬を使わない栽培法の証拠だ。

たっぷりと厚い葉を囓《かじ》ると、独特の渋みと苦みがじわっと舌を刺す。繊維も硬く、嚙んでも嚙んでも飲みこめない。さすがにケールは手ごわい。

「じつは、ケールのおいしさは茎にあるんです。茎を食べてみるとびっくりしますよ」

野太い茎は堂々直径五センチ以上。こっちはブロッコリの巨人だ。ナイフではじを切って渡してくださった欠片を嚙んで、驚いた。甘い。さくさくしゃきしゃきの歯ごたえは、まるでお菓子みたいに甘さが際立つ。トウキビに似たジューシーな甘い汁が口のなかに迸る。青汁の軽やかな甘さは茎の糖分なのだった。

「もちろん葉っぱにもわずかな甘みはあるのですが、茎の甘さがすごいんです。ただ、一年を通じてケールの味はずいぶん変わります。夏場は苦みのほうが強く、冬は甘い。ケールは冬場の三月に植えるのですが、冬になって霜が降りると、ぐんと甘くなる。冬の寒さから身を守るためにでんぷん質が増え、それが糖質に変わるから甘くなるんです」

水できれいに洗った葉と茎をプレス機に入れ、約五分かけてゆっくり搾って混じり気なしの純粋な青汁をとり、冷蔵保存。すり潰すようにしてじっくり搾り、攪拌《かくはん》することもないので、酸化しない。一日に搾るケールは五、六十キロ。多いときは百キロ近く使うこともあるという。注文のたびに搾りたてをそのままグラスに注ぐシンプルなやりかたが「銀座青汁スタンド」開店以来のスタイルだ。

それにしても、小さなグラスとはいえ、一杯の青汁を飲むために使うケールの量は半端ではない。厚生労働省が推奨する一日の野菜の摂取量は三百五十グラムだが、「小」サイズ一杯でケール二百〜二百五十グラム分というから、十分に基準を満たす。「大」ならその倍量、ポパイも裸足《はだし》で逃げ出す威力である。青汁に含まれているのはカロテン、ビタミンB・C・E、カルシウム、カリウムなどのミネラル、食物繊維ほか。火を通すと壊れがちな栄養素が、そのまま確保されている。

青汁が「栄養補助の役割」を果たすと言うのは、「遠藤青汁」を継承する「グリーンライフ」

田邊理司《さとし》さんだ。田邊さんは、奉仕の精神でつくられた「遠藤青汁友の会」を母体に会社を興した創業者の孫にあたる。

*

「青汁はあくまでも栄養補助で、嗜好品ではないと考えています。高血糖や高血圧の方で、薬を飲んでも改善されなかったのに、青汁を飲みはじめたらすぐに下がったという方も多くいらっしゃいますが、あくまでも栄養補助。基本は毎日の食事にあります。お客さまは老若男女、若い方からご高齢の方まで幅広いです。スタンドで飲まれるのはたいてい『小』ですね。

スタンドをはじめたのは、より青汁を広めるために東京に支店をつくったときです。岡山では、各家庭に牛乳配達みたいに瓶詰めにして配っていた。ところが、衛生的に瓶詰めで配るのはむずかしいという保健所の指導があり、それならスタンドを持つしかない、と。いま、東京には銀座と渋谷の二軒がありますが、銀座のスタンドを改装せずレトロなままにしているのは、まあ、意識的です(笑)。開店初日からもう三十年、ほぼ毎日通い続けてくださっているお客さまもいらっしゃるので、やっぱり雰囲気もだいじにしたい。毎日続けて飲まないと意味がないということを、みなさんわかってらっしゃいますね。

自分の身体が欲するんでしょうね。岡山の瓶詰めのものは、搾る機械自体が違うので、繊維がそのまま入っていて、どろっとしている。口の中に繊維がばさばさっと残る感じがあります。ところが、銀座でも、繊維のかすを入れて飲みたいっていう方がいらっしゃる。岡山出身の方が中心なのですが、身体が覚えてるのがすごい。私は、物心つく前から飲んでいます。朝と夕方、一日二杯飲むのですが、子どものころは好きじゃなかった。でも、やっぱり身体が青汁を欲するんですよね。

銀座にくらべると、渋谷店の客層は若めです。独身で独り暮らしの方は、なかなか野菜をたくさん摂りづらいし、最近の方はほんとうに意識が高い。食事の一環として飲んでくださっていますね。青汁だけでなく、ケールの錠剤や粉末も注文をいただいて、全国に発送しています。最近、青汁アイスとかいろんなアイスクリームがありますよね。でも、必要な栄養を摂るためには大変な量になってしまうから、加工品はむずかしいんです。あくまでも、基本はあの量を飲んでほしいと考えています」

＊

青汁一杯飲めば一日の栄養は安心、というわけではもちろんない。でも、飲めば、必要な栄養素は補える。横から救いの手を差しのべてくれる青汁には、いつも頭が上がらない。

ある日の午後、宮益坂から一本入ったところにある「遠藤青汁サービススタンド渋谷店」で青汁を飲んでいると、三十代前半の男性がひとりで入ってきて「大きいの、ください」。店長さんが「ハイ」と渡すと、十五秒も経たないうちに「ごちそうさんっ」。声が聞こえたときには、もう姿はない。貫禄の一気飲みだった。

その気になると、ジュースの店はどんどん目にとまるし、自在に使い分けができるようになってくる。原宿や青山にいるとき、わたしが立ち寄るのは「ロベックスジュース」だ。カリフォルニア生まれのジュース専門店で、その場でフレッシュジュースを搾ってくれる。メニューもユニークで種類がたくさん。スムージーはアサイーパワー（アサイー、パイナップル、ブルーベリー）、ハミングバード（グアバ、マンゴー、バナナ）、アボカドスピニッチ（アボカド、ほうれんそう、バナナ、オレンジ、ヨーグルト）。オリジナルな味が楽しくて、どれも五百円。とろんとクリーミーな味を、椅子に座ってゆっくり味わう。とりわけ好きなのは、ここにしかないウィートグラス（小麦若葉）、ワンショット二百円。注文すると、芝生みたいにみっしり生えた小麦若葉をちょきちょき刈り取って、目の前でぎゅうっと圧搾する。ぽとぽと一滴ずつ搾ってだいじに集めたジュースは、目の覚める鮮烈なフレッシュグリーン。脳天直撃、経験したことのない清涼感に頭が冴え冴えとする。「発芽期にクロロフィル、ビタミン、ミネラル、アミノ酸などの含有量が最高値になる」というのだが、一度体験すると、ときどき猛烈に飲みたくなるカリフォルニア版の青汁だ。

春から夏にかけて、わたしは毎朝野菜ジュースをミキサーでつくる。だからこそわかるのは、新鮮で質のいいフルーツや野菜を揃えることの大変さ。そのぶん、空いた時間に手軽に飲めるジュースに価値がある。しかも、質のいいジュースなら、なおのこと。しかし、まっ正直な店であればあるほど長続きさせるのはむずかしいようだ。また行きたいと思っても、いつの間にかむかしながらのジュースの店が消えていることは珍しくない。そのなかで、町のひとに愛されているフルーツジュースの店が人形町にある。

人形町一丁目、甘酒横丁のすぐ近く「須賀屋ジューススタンド」。すぐ隣のフルーツ屋「須賀屋果実店」が経営する店だから、鮮度と品質のよさは折り紙付き。地元客を中心に、土地に根ざしてがっちりお客のこころを摑んでいる。

フルーツジュース

バナナミルク　280円
ゴールデンパインジュース　280円
キウィフルーツジュース　280円
レモンジュース　280円
いちごミルク（冬季春季限定）　350円
オレンジジュース　400円
グレープフルーツジュース　350円
パパイヤミルク　380円
マンゴージュース　380円
トロピカルミックスジュース　380円
マスクメロンジュース　380円

シークワーサージュース　３８０円

なにを飲んでも純朴なおいしさ。注文すると、すぐ隣のフルーツ店へ素材を取りに行き、ジュースにしてくれるのだから、これ以上の品質表示はない。この日も、グレープフルーツジュースを注文すると、さっそく隣の店頭から大きなグレープフルーツを取ってきて、「今日のはフロリダ産だからおいしいですよ！」。

ジュースによって、スクイーザー、ミキサー、ジューサーの三種類を使い分ける。グレープフルーツやオレンジは、ふたつに切って丸々一個をスクイーザーで搾る。いちごミルクは、いちご、成分無調整牛乳、少しのシロップを入れてミキサーにさっとかける。野菜やりんごを使うものは、遠心分離で繊維を取り除くジューサー。シンプルなつくりかただが、フルーツの品質を見極める専門家の目配りが利いているところは、やっぱり特別だ。季節が進むにつれ、すいか、メロン、マンゴー、キウイ、チェリー、ぶどう……メニューが刻々と入れ替わる。

とりわけ「冬の名品」と太鼓判を押したいのが、いちごミルクだ。とちおとめ、成分無調整牛乳、ほんの少しのシロップ。目の前でミキサーに入れてスイッチを押したら約五秒、絶妙のタイミングですばやく止める。グラスからいちごの香気が立ち昇り、華やかなピンク色に贅沢感がたっぷり。いちごのつぶを残した〝食べごたえ〟も人気の秘密だ。いちごミルクの生みの親、須賀美穂子さんが教えてくださった。

「少しずつつくりかたが変わってきました。いちごも最初は形がなくなるまでミキサーを回していたのですが、たまたまこの機械に換えたときに果肉がゴロッと残って、それをお客さまが喜んでくださってそのまま食べていらっしゃるのを見て、あ、いいなあと。スプーンもストローもじゃまにしながら、口をつけて飲んでらっしゃる方もおられます。シロップは、まったく入れないより、少しだけ入れたほうが味が引き立ちますね」

素材の持ち味がよくわかっているから、そのぶんフルーツをだいじにして試行錯誤を繰りかえしてきた。初夏になればすいかジュース、ついで桃ジュース、ぶどうジュース、柿ジュースが登場するのをみんな首を長くして待ち侘《わ》びている。

「そのときの仕入れ状況で変わりますので、季節のジュースはいつもあるわけではないんですね。六月のすいかジュースも、いらしてくださった方が『今日はすいかないんですか?』。ないと、がっかりなさる方、多いですね。巨峰ジュースも『あのジュース最高だった。ない?』って。巨峰ジュースは種を取って皮ごと回し、あとで漉します。こうすると香りもいいです。葡萄酒《ぶどうしゅ》に使うナイヤガラという品種でつくるぶどうジュースもおいしい。新しいジュースをつくるときは、どうやって香りを引き立たせようか、分量をどれくらいにしようか、工夫しながら考えて。でも、その日まかせなんですよ、フルーツの仕入れを見ながら決めていきます」

フルーツの仕入れを一手に引き受けるのは、夫の須賀一成さん。「須賀屋果実店」は人形町に昭和三十四年開店、地元に密着した個人商店である。

ジューススタンドをつくったのは、果物組合を通じてフランチャイズ形式の勧誘を受けてのこと。平成十二年に加入し、車庫のスペースを改築してジューススタンドをはじめたのだが、数年後にフランチャイズの経営先が事業をやめてしまった。しかし、そのあとも自営のジューススタンドを開いて現在に至る。近所につくり置きのジューススタンドが数軒できたこともあったけれど、どこも一年足らずで撤退。ジューススタンドの経営は、おいそれとは順調にいかないことを実感する。

＊

「うちは家賃がかかりませんし、仕入れは自分の店のものを直接使っていますからどうにかやれるのですが、路面店はやっぱり大変ですね。寒さ、暑さを直接感じますから、冬ならジュースよりコーヒーということになる。そうすると、十一月から三月上旬くらいまでがオフシーズン。今日も、それほど寒くなくて天気はいいのに、お客さま、全然来ないです。かと思えば、雨降りなのにいつもよりたくさん来てくださったりもする。ジュースが売れるのは春、夏。駅ビルやデパ地下なら関係ないんでしょうけれども。

何でもジュースにするんですが、春先ならいちごですね。いちごは、三番花くらいになると枝に力がなくなって味も劣ってくるのですが、専門店としては、やっぱりいちごは店頭に並べておかなきゃならない。でも、日持ちしない。その日に消化しなければならないので、ほとんどジュースにするんです。お客さまが喜ばれるすいかジュース、これも一度すいかをカットすると匂いが出てきちゃうんですね。ヌルッとして、賞味期限が切れるのが早い。夏場のメロンも足が早いんです。三日めなのに、なかが潤んじゃってるのがあります。メロンは入荷して五日、六日くらいが一番おいしいですが、夏場の露地ものは病気が出ることがある。畑で拾ってきた炭疽菌《たんそきん》がまだ硬いうちに出ると売りものにならないので、そういうときもジュースに使います。

ジュースそのもののためにだけ仕入れしていると、なかなか持ちこたえられないと思います。毎日、大田市場に通っているのですが、フルーツの仕入れは変動が大きくて大変です。いまオレンジがすごく高くて、一ケース五千円出しても買えない。しかも大寒波でネーブルが不作です。高いときは高いし、安いときは安いのだからジュースの値段も変えられればいいのですが、そうはいかない。一杯の値段は四百円。この値段だから、なんとか。五百円なんかつけても出ないですもん。

基本は、マンゴー、パパイヤ、パイナップル、バナナの四種類にしています。果物には等級がありますす。産地によっても、等級は違ってくるし、値段も違う。ハネジューメロンは安いですが、ジュースにするとおいしくないんですよ。いっぽう柿ジュースはとろっとして非常に好まれるんですが、硬くてシャキシャキだと、ジュースにならない。だから柿ジュースって、あまりないんでしょう。いずれにしても、素材が悪ければジュースとしておいしくないです。

お客さまにしてみると、やはりオーナーが経営している安心感でしょうか、加工品だと『何が入っているかわからない』とおっしゃる。砂糖がいっぱい入ってるかもしれない、もしかしたら着色しているかもしれない、でも、うちは目の前でつくっているところを見られますし、

TOHSEI

なにしろ隣からフルーツを取ってくるわけですから（笑）、ほんとうにフレッシュなんだな、と。どうしても熟度が足りなければ提供できないこともあるし、個体差もある。先週と今週では味が多少違うこともあります。まあ、うちはまず果物屋があってのことですが、採算面でいえば全然合わないですね。サービスの一環、そして、お客さまに楽しんでいただきたい、それだけでやっています。でも、いまだに気がつかない方もいるんですよ。十年以上経つのに『こんな店、あった？』なんて、いまだに言われます」

＊

「須賀屋ジューススタンド」は、目立たないけれど、誰にも愛される人形町のマスコット的存在だ。家族経営の親しみがそのままジュースの新鮮さ、おいしさにつながって、ひとりひとりに幸せを手渡す。椅子にちょこっと腰掛けて、気さくな美穂子さんとの会話を楽しみに通うお客も多い。知らず知らず笑みがこぼれる、これぞジューススタンドの原点のようなお店である。

「小伝馬町のあたりからやっと着いた、と足の不自由なお客さまがうちで休憩されて。キウイフルーツジュースを飲んで、少し血糖値が上がって元気が出て、『じゃあ、もう一杯もらおうかな。りんごジュース、あまり好きじゃないけど』とおっしゃりながら飲んで、『あぁ、なんか元気になってきた』。いろんな方がいらしてくださいます。ちょっと野菜食べていないから、と『おなかすっきりジュース』を飲みに来られたり、子ども連れのお母さんたちも多くて、夏はプールやスイミングスクールの帰りなどによくいらっしゃいますね」

一杯のジュースのなかに、フルーツの気持ちも人情もこもっている。こんなジューススタンドがある町がうらやましくなってくる。

そこに立ち食いそばがあるから

×月×日　銀座

銀座四丁目、有楽町方面から松屋通りに入ってすぐ右側「よもだそば」。旬の山野草そば、なにが出ているかな。それともカレーにするかな。この店があることを知って以来、銀座という街の幅がぐっと広がった。

「よもだそば」の存在に初めて気づいたのは、二年ほど前だった。通りすがり、間口の狭いうなぎの寝床のような店を発見して、仰天した。ちょうど今日とおなじ昼過ぎ、ぎっしり超満員。店の奥まで見通せない混雑ぶりを目の当たりにして思わず立ち止まり、看板を見ると、大きな字で「よもだそば」。立ち食いそばの店だった。

「あそこは銀座の隠れたオアシスです」

銀座の画廊に勤めている知人が、小鼻をふくらませながら教えてくれた。

「職場が銀座にあるひとにとって、あんなに頼りになる店はありません」

いまなら、その意味がよくわかる。三月のふきのとう天そば、四月のたらの芽天そば、五月の山うど天そば、六月に入ると、よもぎ天そば……季節の味が入れ替わり立ち替わり。コロッケそばも、チーズそばも、山盛りもやしたぬきがけそばも、ニラ天玉そばもある。ほかでは見かけない「えっ」と驚くメニューが紛れこみ、遊び心をくすぐる。麺は自家製、化学調味料を使わない無添加のつゆは、だしの風味が利いて少し甘め。天ぷらも自家製、使う野菜はすべて国産……気合いが入っている。なのにワンコインでお釣りがくる。骨付き鶏もも肉がごろんと入ったインドカレー、これがまたカレー専門店にひけを取らぬ味わいで、「『よもだそば』は、私にとってはカレー屋だ」と断言するファンもいる。

「安い・おいしい・早い」を超えたおいしさがある——銀座スズメにそう言わせる「よもだそば」は、立ち食いそば界の風雲児だ。じつは、「よもだ」の意味は、愛媛の方言で「憎めない」「やんちゃ」「適当でいいかげん」。敷居の低さを武器にして、おもしろいことをしでかしそうな気配を漂わせ、ひっきりなしのお客をさばく。

「よもだそば」をやっているのは、いったいどんなひとなのだろう。好奇心を抑えきれず、「よもだそば」社長の九十九《つくも》章之さんに会った。九十九さんは四十歳、サラリーマンからの転職組である。そもそも立ち食いそばが好きで、長く続きそうな商売だから、と店を立ち上げたのは五年前のこと。

「立ち食いそばはあくまでもひとつの確立したジャンルであって、街のそば屋とはまったく違うんです」

立ち食いそば界に新風を巻き起こした九十九さんの話が、立ち食いそばのリアルな表情を浮き彫りにする。

「もともと素人ですし、看板に『よもだ』＝『いいかげん』って書いてあるわけですから、なにをやるのも気楽なものですよ（笑）。ただ、立ち食いそばって、値段の上限がありますから、街のそば屋とおなじものは絶対出せません。だから、街のそば屋が出せないものを立ち食いそばでやろう、と思いました。毎週『インターナショナルそば』『週替わり世界のカレー』と銘打って新商品を出した時期があるんですが、そのころから、『あそこ、ちょっとおもしろいぞ』と注目していただけるようになりました。

＊

ただ、意外と儲からないです。その理由は、やはり売値が決まっているから。街のそば屋の値段には絶対できないので、天井がある。そうすると、原価を圧縮していくしか方法がないから、味はまずくなってしまうわけです。うちは以前、ゆで麺と濃縮だしを使っていたのですが、それでは利益が出ず、売り上げも伸びなかった。そのため、がらっと発想を変えて自家製麺に替えました。麺をよそから買って仕入れれば、自家製の二倍の値段になるから、すでにこの時点で負け――そう気づくまでに三年かかりました（笑）。

現在は、おつゆは化学調味料を抜いて、天然だし。私が西のほうの味が好きなので、昆布に鰹《かつお》、うるめ、宗田鰹、さば節などのちょっと雑味のあるだしをいっぱい入れて、甘みのあるつゆに仕上げました。天ぷらは国産野菜だけ、しかも東北牧場の有機野菜を入れて、街のそば屋に負けないものを出しはじめたのが三年前です。

やっぱり基本は『おいしい』です。その『おいしい』範疇《はんちゅう》のなかでほかがやらないことをしなければ、お客さまは来てくださらない。でも、値段の上限は五百円まで。『よもだそば』の場合、四百二十円を超えるとぐっと出が悪くなります。どんなに味にこだわっても、四百八十円では売れないですね。四百円は少し超えても、四百五十円が限界。四百八十円になると、『立って食べなくてもいいんじゃないの』『あと百二十円出して、定食屋へ行ったほうがいい』となる。立ち食いそばは、十円単位の攻防なんです。

接客の部分がほとんどないにもかかわらず、『ごちそうさま』と言ってくれるお客さん、けっこう多いんです。うまいと、こう、ぱあっと響く一本勝負みたいなおもしろさ。かといって、愛想が悪いと怒られる。不思議なもので、飲食って、お客さんが払う金額が上がれば上がるほど怒らなくなるんですね。『二、三百円だから、いいかげんなことをしてるんだな』。腹が立つんでしょうかね（笑）。おつゆもきちんとつくっていますが、化学調味料を入れずに天然のものだけでやっていると、かつお節ひとつ、季節によって脂のノリも違ってくる。すると、人によって『今日はだしがちょっと薄いな』と怒られます。遅いのもだめですね。食券を受け取って、すぐそばを湯がいて、早けりゃ二十秒くらいでさっと出す。そういう手際のよさも、お客さんはよく見てらっしゃいます。

立ち食いそばの一番重要な要素は、常連さんをいかにつかまえるか。もちろん味もだいじですが、意図していなかった期待以上のことをすると、やっぱりうれしく思ってくださる。足が不自由な方がいらっしゃったら、『どうぞ、どうぞ、席まで持っていきます』。特別なことではなくて、いわば商売の原点ですね。

店を立ち上げてから二年前まで現場にずっと入ってましたから、天ぷらでもなんでもぜんぶ自分でつくれます。四年半くらい、天ぷらを一日百個くらい揚げていましたが、当時の立ち食いそばは、衣が多い天ぷらを出す店がすごく多かった。これ、どんどん焼きでしょ、と言いたくなるような天ぷら。立ち食いそば屋の天ぷらって、さくっ、ではなく、ガリッとくる。時間が経つとダレてくるから、衣を固めにして持たせるためなんです。でも、私はあれが大嫌いで、なんとか衣の薄い天ぷらを揚げたかった。けっきょく、揚げ方というより、素材と衣を混ぜるときに九割方決まっちゃう。うちには、玉ねぎ丸々一個分使う玉ねぎ天というのがあるんですが、さくっと揚げられるようになるまで一カ月くらいかかりますね。天ぷらはむずかしいです。

カレーは、さんざん苦労しました。私の好きな『新宿中村屋』と国立《くにたち》『ロージナ茶房』のカレーの味を基準にして、その特徴は酸味。酸味があるカレーってそば屋は絶対出さないので、いいな、と思って。でも、うちの味が完成するまで一年くらい試行錯誤しました。ヱスビーのカレー粉をベースにして、そのバランスを崩すためのスパイスを何種類か加えると、インドカレーっぽくなるんです。そして、酸味を前に押し出すためにトマトとヨーグルト。すごくヨーグルトの多いカレーで、このレシピでつくると酸っぱすぎて、ごはんに合わなくなっちゃうんですが、じつはバランスをとるのがスープのかけつゆです。

立ち食いそば屋には、そばという一本柱があり、そばつゆという絶対的な存在がある。そばつゆってなかなか優れた調味料でもあるんです。だから、立ち食いそば屋って恵まれていると思いますね。つゆがブレなければ、少々奇抜なトッピングをしても、『今回へんなことやったね』ですむところがある。カフェなんかのほうが危ないかもしれないですね。カフェって、何でもやれるけれど、そのぶん柱がない店が多いじゃないですか。

立ち食いそば屋は狭いですから、厨房では阿吽《あうん》の呼吸がいるんですよね。言わなくてもやってるよ、という世界。立ち食いそば屋で働きたい人は、あまりしゃべらずに黙々と仕事をするのが好きな人に向いていると思います。きっちり盛りつけするより、手仕事の速い人。だからでしょうか、立ち食いそばの人材は、この業界のなかで回っていますね。うちの日本橋店のスタッフの女性は、もと『六文そば』の店長でしたし、七十三歳のスタッフは『吉そば』の元部長なんですよ。

立ちっぱなしの仕事ですけれど、時間が経つのがすごく早いんです。背広を着て仕事をしているより、三分の一ぐらいの時間の感じ。終わって帰ると、ビールも飯ものすごくうまいし、疲れてるからよく寝られる、八時間ぐらいぐっすり寝ちゃうんですよ。おもしろいもので、『ありがとうございました』と言って頭を下げていると、あまりストレスが溜まらないんです。健康にいいですよ。こっちがストレス溜めずにニコニコ仕事をしてると、なぜかお客さんも『おいしい』『ありがとう』と言ってくれたりする。『ありがとう』が返ってくると、涙が出るほどうれしかったりするんですよ。だから、流行ってる店ほど店員さんの顔つきがいい。店員さんの顔つきがいいから流行るんじゃなくて、流行ってるから店員さんの顔つきがいい。

なかで働いている人は、意外とハッピーで健康的な感じです。

立ち食いそばをやってると、どうしても下に見られがちですが、逆にそれがいい面もあるんですよ。名刺を出すと、気楽に付き合ってくれるんですね。『わあ、すごいね』とは言われないの、絶対に（笑）。『ああ、立ち食いそば、いいね』。そういう意味では、誰とでもなかよくなれますね。相手にされてないだけかもしれないですけど、気楽でいいですよね」

＊

×月×日　新橋

サラリーマンの聖地、新橋は立ち食いそばの激戦区でもある。新橋の職場に長く通う友人（四十七歳・男性）から、たちどころにずらずらーっと立ち食いそば屋の名前が出てくるから、驚いた。

「ニュー新橋ビル一階『丹波屋』、あそこははずせない。だしが濃くてうまいし、春菊天もごぼう天も店で揚げてるから、揚げたてのタイミングが合うとうれしいね。テーブルに置いてある青唐辛子の醬油漬け、ちょびっとかけると、がらっと味が変わってやみつきになる。カレーも絶品だぜ。新橋駅前ビルの地下には、名物〈まいたけ天ぷら〉の『おくとね』。釜玉そばもうまいんだが、あのインパクトに惹かれて、ときどき〈まいたけ天ぷらそば〉が食べたくなっちまう。『うさぎや』もいいね。あそこは関西風のだしでね、さくさくのえびかき揚げそばがたった三百七十円。『さだはる』の天ぷらも好きだねえ。それから……」

立ち食いそば好きは博愛主義のようだ。財布の中身とシビアな闘いを繰り広げつつ、いっときでも憂さを忘れてなごみたい。おじさんの欲望は、女子に負けず劣らず深く、大きく、そして立ち食いそばに注ぐ愛と情熱も絶大だ。試しに、私も食べに寄ってみた。「丹波屋」「おくとね」「うさぎや」「さだはる」……驚いた。おなじ立ち食いそばなのに、これほど個性が違うものなのか。くっきりとした味の輪郭があり、このそばをつくりたい、安い値段で食べさせたいという主張を明快に手渡してくる。あれこれ食べているうちにわかってくるのは、どの店が一番、二番、と順位をつけることに、あまり意味がないということ。安くて使い勝手のいい立ち食いそばは、すでにそれだけでありがたい。

激戦区新橋にあって、絶大な人気を誇っているのが「そば作」だ。さきの立ち食いそばファンが「それから」のあとにつけ加えたのは、こんな話だった。

「おれのとっておきは『そば作』。あそこはすばらしい。細腰の麺がするするっと上品で、なのに量は大盛り。注文すると、そのつどゆでてるから、またびっくりする。ほかの立ち食いそばより時間はかかるんだが、ひとつひとつが丁寧なんだな。あのうまさを考えると、ちょっと歩いても食べに行っちゃうね。なにしろ厨房の奥にどーんと製麺機が置いてあるんだぜ」

「そば作」愛に圧《お》され、混雑を避けて遅い午後に寄った。

立ち食いそば屋の品書きに「鴨なんばん」があるのを初めて見た。驚いてさっそく注文すると、湯の滾《たぎ》った釜にばらばらと生麺をほぐし入れてゆでる。ゆで上がったら冷水にとっていったん締め、ざるに上げて水切り。タイミングを合わせて熱くした鴨汁に刻みねぎを加えて仕上げ、そばを盛った丼に注ぐ……街のそば屋と違わぬ一連の動作である。五分ほどでできあがった鴨なんばん五百八十円。

たおやかな柳腰。そば粉五割だという細身のそばが、香りのいい熱いつゆに守られて情感たっぷり。手繰《たぐ》って口のなかに招き入れると、するする、さらさらっと喉ごしなめらか、「えっ」とたじろぐ完成度の高さだ。大衆そば研究家の坂崎仁紀さんは著書『ちょっとそばでも』のなかで、「そば作」についてこんなふうに書いている。

「このハイレベルなそばが立ち食いそば屋で当然のように出てきてしまうという事実は、『まずくて当たり前』などと言われていた立ち食いそば屋の概念を根底から覆してしまった。それればかりか、そば業界の構造を変えてしまうほどのインパクトがあったという。今となっては、よく見るビジネスモデルであるが、この『そば作スタイル』は、その後の大手資本系を含めたファスト系立ち食いそば屋の教科書となったことは明白である」

「そば作」主人は前田浩男さん、六十三歳。「ファスト系立ち食いそば屋の教科書」的な存在と崇《あが》められながら、謙虚でおだやかな人柄が、どこか品のいいそばの味わいと重なる。

＊

「いわゆる脱サラです。ちっちゃなレジャー商品の輸入会社で、脱サラしたのは四十一、二年前です。僕、江戸っ子なんですよね。東京駅の真ん前で生まれて、うちの父や母もそばが大好きで、鰹のだしで育ったもんですから、いつもそばが身のまわりにありました。

サラリーマンやってるときに、出前のおそばを取ったり、食べに行っていましたが、毎日食べたいわりには高価だったんですよ。日比谷通りを車で通りかかるとき、『小諸《こもろ》そば』ができたのを見て入ったら、すごくおいしかったし安かった。二人めの子どもが生まれたとき、そろそろ自分も何かやらなきゃいかんじゃないかと思ったんですね。そのとき『小諸そば』のことが頭に浮かんで、調べてみるとフランチャイズの条件が結構厳しかった。ならば、と土地勘があった丸の内のビル内のおそば屋さんにパートで働きはじめ、そばの技術を習得しました。なにしろ素人ですから、よけいなことをしても……。繁盛店で学んだ技術をそのままだいじにするのがいい。麺の打ちかた、ゆでかた、まったくまねをさせていただいて、絶対に手を抜かず忠実に守ってきました。

おそばは、僕の好みです。白くて細い、更科《さらしな》系のおそばをむかしから父に食べさせられていたので、それが当たり前だと思っていました。夏は細いほうが食欲が出ますし、冬はいくらか太くする工夫をしています。毎朝六時ごろ麺を打ちはじめます。まず粉に水を入れて回し出し、完成するのが七時半。お湯を沸かして、だしを取るのに一時間半。やっぱり打ちたての麺はおいしいので、なるべく打ちたて、ゆでたてをお出ししたい。早くお出しするためには、水を多くすればゆで時間は早くなりますが、そうすると水がどんどん回って、打ちたての味が損なわれてしまう。試行錯誤を重ねたすえ、いまの麺に落ち着きました。つゆは、宗田鰹と本鰹とさば節の混合だしです。一リットル当たり四十グラム、一時間半煮出して作ります。返しはみりん、上白糖、醬油を火にかけてつくり、それを二週間は寝かせます。天ぷらは、午前十一時までに百二十個くらい揚げます。

料理はほんとうにおもしろいです。そばは日本の文化ですから、男の仕事としてちゃんとやりたい。うちは、ゆで麺を出す立ち食いそば屋さんと高級店の中間を狙ってきました。ただ、この二十年ずっと値段は下がっていますから、安いぶん、やっぱり回転率をよくしないと。消費税が八％になったとき、久しぶりに値上げしましたが、ほかにくらべてやっぱり値段は高いです。でも、お客さまに『高いと思ったけど、食べてみると安いね、量も多いし、おつゆもたっぷりしておいしい』と言っていただくと、ほんとうにうれしい。ああ間違っていないかな、と。長くやっていると、いろんな周期があります。いまは十年周期くらいで、うどん期じゃないですか（笑）。

夏場は、かき揚げざる、かき揚げせいろ、冷やしたぬき、きつねそばもすごく出ます。うちは九十八％が男性のお客さまですが、女性はかき揚げ、お好きですね。たけのこの天ぷら、春は春野菜と山菜の天ぷら。その季節にいらしてくださいます。

あらためて感じるのですが、われわれの持ってる技術はすごいと思うんです。お客さまがわっと来るとき、いかに早く出すか。厨房に男ふたり、女性ひとり。仕込みもやって、お客さまにも気遣いをして、店内の状況をぜんぶ見なきゃならない。仕事としてとってもおもしろい。うちで仕事を覚えれば、どこに行ってもぜんぶできると思いますね。お客さまに丸見えでしょう、何を求められているか、注意深く見ているとすぐわかります。大変ですけれどね。

三十年もやってると、定年退職する方が多いんです。突然、『ほんとうに長い間ありがとう。お宅のおそばを食べてきたおかげで、健康に定年できたよ』と言ってくださるお客さまがたくさんいらっしゃる。何よりの幸せです。毎日おなじ時間に来てくださる方も多くて、注文は『いつもの』。おなじ場所に座る方には、その席が埋まっていると、『ごめんなさい、ちょっと今日はほかの席でいいですか』。そんな会話もしょっちゅうです。コミュニケーションがないと、つまらないですね。最近少なくなっちゃいましたけど、十年くらい前まではほとんどが常連さんでした。世間話をしながら、『今日はちょっとぬるかったよ』『すみません』なんて。最近は、やっぱりお客さまも元気がないです。なにか世の中、暗いですね。

商売はあまり上手ではないので、売り上げが落ち込むとちょっと萎えますけれど、ほんとうに楽しいですね。いま新橋に二軒出していますが、それ以上になると、そばはむずかしいと思います。セントラルキッチンにしてのびたそばを出しちゃうのは絶対嫌ですし、やっぱり徹底しにくいですから。鴨なんばんにしても、うちの白髪ねぎはまっ白でしょう? なかの芯は入れない。とろろそばは、そばつゆにとろろを入れてもおつゆが薄まらないよう、返しを少し垂らす工夫をしています。こまかいことがひとつずつ積み重なれば相当な手間になりますが、そのへんはこだわりたい。店に券売機を入れていないのは、従業員がちゃんとお金をいただいたほうがいいと思うから。だってつまんないでしょう。自分でお勘定をして、日々の売り上げをちゃんと見ておかないとね。

三八〇円
四三〇円
四三〇円
四三〇円
四三〇円
四八〇円
四八〇円
菜そば
四八〇円
あげそば
四八〇円
いか天そば
四八〇円
海老天そば
五三〇円
肉なんばん
五三〇円
カレーなんばん
五三〇円
代金は

もりそば 三八〇円
冷たぬき 四八〇円
冷きつね 四八〇円
冷おろし 四八〇円
冷とろろ 四八〇円
いか天せいろ 四八〇円
海老天せいろ 五三〇円
肉せいろ 五三〇円
鴨せいろ 五八〇円
かきあげざる 五三〇円
いか天ざる 五三〇円
海老天ざる 五八〇円
二枚もり
各種大盛
とろろ丼セット 六〇〇円
けんちんそば
好評 けんちんそば 530円
「秋味」
本日の日替りサービスは 「かきあげ丼セット」 です。 500円
本日のおにぎり おかかこんぶ 100円
通常メニュー 大盛
かきあげ 100円
いか天 100円
海老天
ちくわ
なす
にんじん

店づくりもふつうです。ジャズを聴かせたり、そういう必要ないじゃないですか。そばなんていうのは飯でしょう、それがだめならもうだめだという気持ちがある。だから、『ふつう』でいいと思います。自分では、いい仕事してるなと思いますよ。立ち仕事は健康的です。毎日そば湯を飲むから血管も丈夫になりますしね。打ったそばを家に持って帰って、家族に食べさせるんですが、もうほかのは食べられません。あのね、そもそもそばが好きなんですよね」

＊

×月×日　中野

中野駅北口前「かさい」を初めて見かけたのは、三十年と少し前だった。中野に用事ができてロータリーを横切ったとき、へえこんな場所に立ち食いそば屋がある、と思ったのをよく覚えている。六人も立てばぎっしり満員の小さな店。車は通らず、けれど人の往来は引きも切らず、空間の抜けがよくて開放感がある――立ち食いそば屋にとって、これ以上ない絶好のロケーションがまぶしかった。そののち、北口駅前ロータリーが再開発されると、いっそう見通しがよくなり、「かさい」は中央線の電車からまっすぐ見下ろせるようになった。東京行き中央線の四号車両に乗っていると、中野駅に停車したとき、ホームからそのまま「かさい」が見える。朝も昼も夜も、ひっきりなしの繁盛ぶり。そばを啜っているお客の背中に「うまい」と書いてある。その光景をちらりと見るだけで、不思議に満たされる気持ちになった。「かさい」

を初めて見てから三十余年、私はいつのまにか、その存在を目で探すようになっていた。

立ち食いそばがずっと、自分の選択肢のなかになかった。長年抱いていたイメージは、せわしなく一杯のそばをかきこむだけの場所。そのうえ、いつも男性客が占めていたから、「立ち食いそばは男の世界」だと決めつけ、自分には縁がない場所だと思いこんでいたのである。しかし、お門《かど》違いだった。いまならよくわかる。街に溶けこむようにして、そっと佇む立ち食いそば屋の気安さについて。小さな暖簾をくぐると、ぬくい湯気とだしの香り。いつ、誰が寄るとも知れないのに一杯の温かさが用意されている人情味について。

ある初秋の昼下がり、おずおずと「かさい」の暖簾をくぐった。先客の男性三人、みな脇目もふらず、そばを啜っている。ちらりと見ると、丼のなかのそばがずいぶん太い。あれが看板の「田舎そば」だ。ふわあっと漂ってくるだしの香り。暖簾をくぐれば、そこにある「かさい」の世界に一気に引きこまれ、たちまち空腹を覚えた。

いか天　１９０円
あじ天　１２０円
ちくわ天　１１０円
かきあげ　90円
コロッケ　80円
きつね　70円

わかめ　60円
たまご　60円
たぬき　50円

かけそばは三百円、そこにくわえるものを自分で選ぶのである。ちくわ天の四文字がなにやらなつかしく、「ちくわ天ください」。注文を受けると、三角巾をきゅっと頭にしばったおばちゃんが、ゆで麺をひと玉、湯がきはじめた。壁に、こんな貼り紙。

「生姜の風味をお試しください。ひと味おいしくなります。風邪の予防に　血液もサラサラになります」

「生姜は小さじで2杯ほどが適量です。ご協力お願いいたします。田舎そば　かさい」

手もとに視線を落とすと、カウンターにおろし生姜の容器が置いてある。そばに生姜の組み合わせか、珍しいなあ。そうか、おいしいから、みんな入れすぎちゃうんだな。もの珍しげに見ていると、隣のおじさんがおろし生姜に手を伸ばし、容器に差してある小さな匙《さじ》で中身を引き寄せ、そばの上にどぼん、どぼん、おろし生姜の大山を二度落としたから仰天した。「小さじで2杯」には違いないが、いくらなんでもそれはない。だいいち、かけすぎだろう——いろんな思いを駆け巡らせていると、「ハイおまちどおさま」。二分もしないうち、目の前に丼が差し出された。お代は四百十円。いただきます。こころのなかで手を合わせ、割り箸に手を伸ばした。

三十余年の歳月をくぐって、ついに対面した「かさい」の味。「田舎そば」の名前の通り、太い麺に返しの利いた濃いめのつゆがしっかり絡んで、もぐもぐ、もごもご、ゆっくり嚙んで味わっていると、一杯のありがたみがしだいにふくらんでゆく。では、私も。おろし生姜を匙に一杯入れると、軽やかな風が吹き渡るようなおいしさに転じた。

「かさい」のお客が、一日中引きも切らない理由がよくわかる。すぐ後ろはむき出しの街なのに、くるりと背中を向けただけで、世界が一変する。立ち食いそばという舞台は、都会の空間を自在に操る装置でもあるだろう。しかも、それぞれに独自の個性があり、わずかいっぺんで「かさい」の味を舌が覚えた。巷で磨きをかけてきた実力を目の当たりにして、私は感嘆とともに丼を置いた。

「かさい」は、中野の街の風物詩だ。店主の河西勝利さんの話には、「かさい」といっしょに歩んできた人生の味わいが染みこんでいる。

*

「僕はもともとお惣菜屋で、きんとんから何からぜんぶ、おせち料理をつくっていたんです。二十歳《はたち》のときに親父が倒れちゃったので、いもの煮っ転がし、炒り鶏など惣菜を並べて売っていました。おそばは『おいしいな』くらいのことだったんですが、店をはじめるとき、飽きないやつをつくろうと思ったんです。お客さんが毎日食べに来てくれるそば。だから、あまりよけいなことをしない。お母さんの味噌汁って毎日飲んでも飽きないでしょう、そういう味。お惣菜もおなじ。だから、特別なことはしないんです。だしも、鰹とさばの荒削りを使って、寸胴鍋にいっぱい。おなじ分量の水、袋に入れただし、煮立てる時間、醤油、塩と砂糖と化学調味料を少し、決まっていますから、僕がいなくても誰でもつくれる。

こんなに商売になるとは思ってもみませんでした。中野駅前のロータリーはもっと狭くて、最初はバスを待ってる人を相手にしたスタンドコーヒーっていうのを考えたんですが、けっきょく立ち食いそばに落ち着いた。

最初に出したのは、かき揚げ、揚げ玉、玉子。値段はかけそばが九十円、天ぷらそばが百十円だったかな。天ぷらは、麺屋さんが揚げて持ってきてくれたんです。

こんな小さい店ですけれど、いっときは一日に七、八百人くらいお客があったんですよ。当時は、朝七時開店。ところが、お客さんが少しずつ、少しずつ早く来る。だんだん早くなっていって、そのうち飲み屋さんが深夜まで営業する時代になった。そのお店の人たちが一番電車に乗る前に食べるようになって、開店が六時に早まりました。僕は午前三時に起き、四時に店に入って二時間仕込み。いや、大変とは思わないですね。『寒いから大変だね』『暑いから大変だね』とよく言われますが、仕事ですからね、暑いのも寒いのも、早いのも。一日に七百杯出ていたときは、目の前の歩道にコカ・コーラのベンチがありましたから、ベンチに座ったり、歩道で食べてる人が多かったですね。そのころはともかくだしが間に合わなくて、寸胴鍋にストックしただし汁をつねに三つ用意し、日にだし汁を寸胴鍋に十二、三杯つくっていました。

おもしろい話がたくさんありますよ。長く取り引きしていた製麺屋さんの麺の質が均一じゃなくなってきたとき、べつの製麺屋さんが営業に飛びこんできました。もとは中華麺をつくっている麺屋さんで、『うちはこういう麺だよ』と話してつくってもらいはじめたら、そこからしだいに製麺屋さんの業績が伸びていったんです。ところが、ある年の仕事はじめ、いつまで待っても麺が配達されてこない。何度電話しても全然出ないので、困って車で行ってみるともぬけの殻。がらんとした冷蔵庫にうちのゆで麺が二日ぶんだけ置いてあって、『河西様』と書いてありました。唖然《あぜん》としましたね。米相場に手を出して失敗し、夜逃げしたらしい。そのあと、しばらくほかの麺屋さんに『こういう麺をつくってくれ』と頼んでいたのですが、そこも倒産して、やっと落ち着いたのはつい最近です。

そばつゆは、はじめたころの味とそんなに変わりませんが、以前より塩分を抑えています。麺は初めから平打ちの太麺ですが、いまほど太くなかった。いま息子が引き継いでいますが、麺は『これでいい』と言うので、この先もそのままで。おろし生姜は、従兄弟《いとこ》のお嫁さんのお母さんが山梨の塩山で『信玄湯もりうどん』をやっていたとき、釜揚げに薬味を七つ揃えたなかに生姜があったことから、そうか、生姜を使ってもいいんだな、と。おろし金では間に合わないので、ミキサーに生姜と、最初だけコップ一杯の水を入れてつくっています。添えてある匙二杯くらいがちょうどよくて、入れすぎると苦くなって、おいしくない。新しく来たお客さんに、『生姜を入れると、さらに変わりますよ』と勧めると、『えっ、そばに生姜?』。最初は驚かれるけれど、食べると『ああ、おいしいね』。くせになるみたいです。

むかしは、『今日も来たよ』という顔をして通ってくださる人が多かった。いまは無機質というか、まあ、あんまり話もできないですけれど、むかしのほうがなじみかたが違う感じですね。ときには、『定年でもう中野に来ないから、女房を連れてきた』と、寄ってくださる方もいます。警察学校があったときは、年に一回、全国の講習会のとき『今年も来たよ』なんてね。やはり気になるのは、つゆの味です。朝のつくりたては、しばらく一定なんですが、それ以降は微妙に違う。息子はちょっと濃いめが好きで、夕方のお客さんも濃いめのほうを喜んでくださるんですが、鍋は火にかけっ放しですから、ちょっとぼんやりすると煮詰まってしまう。神経の遣いかたひとつで差が出ますね。もともと薄くつくってあって、煮立てるとちょうどいい塩梅にしているんですけれどね。何回味見をしていても、お客さんが一度に七人入ると、いくらがんばったところでまったくおなじ味はむずかしくて、調節するタイミングに気を遣います。

なにしろ駅前の絶好の場所ですから、借りたいという話はすごく多い。なかには、うちのだしとそばで、チェーン店化したいという話もあります。でもいまは考えていませんね」

＊

立ち食いそばの数だけ、とっておきの話がある。一杯のそばにこもっているのは、知恵と工夫のエッセンス。その豊かさに手招きされて今日も足が向く。

「立ち食いそばには『ナンバーワン』がない」

──大衆そば研究家・坂崎仁紀氏に聞く

大衆そばの世界の裏の裏まで知り尽くす一冊が『ちょっとそばでも』。立ち食いそばをはじめ、気軽にぱっと飛びこんで食べる大衆そばの歴史を探りつつ、その考現学を綴り、「早い、うまい、毎日食べたい62店」「メニュー・製法にこだわりを持つ32店」「大衆そばを超える6店」と題して百店を紹介する。ただのガイドではない。一軒一軒について綴る文章から、著者の坂崎仁紀さんの立ち食いそばへの愛情と理解が伝わってきて、まことに味わい深い。しかも、偏愛ぶりを持ちこまず、客観的な視線と豊富な経験が見つめる店の味は、おのずと味覚に迫ってくる。読んでいるだけで、その空気、つゆの香り、麺の食感、丼の熱さまで伝わってくる。だからこそ、『ちょっとそばでも』を読んで、私は立ち食いそばの魅力に開眼させられた。昭和四十～五十年代、製麺技術や流通システムの進歩によって興隆した立ち食いそばは、ファストフードとしておおいに発展を続けてきたが、いっぽう、街場から姿を消してしまった個人経営の名店は数知れないことも教わった。

平松　坂崎さんの立ち食いそば歴は三十五年。年季の入りかたが違いますね。すごい。

坂崎　中学二年のとき、鎌倉駅裏口にあった「谷口」という安い大衆そば屋に「そば食おうぜ」と友だちに連れて行ってもらったのがきっかけです。格子戸の入り口で、天井が高くて、カウンターしかない店。つゆがすごくおいしかった。おじさんに「おじさん、つゆ、おいしいですね」。

平松 中学二年生が堂々と（笑）。シブい中学生ですねえ。

坂崎 で、「どうやってつくるんですか？」と聞くと、落語みたいに「おっ、そうか。つゆっていうのは、『返し』と『だし』からできてるんだ」「『返し』ってなんですか？」「醤油とか砂糖とかみりんとかでつくるんだ。だしはかつお節とか昆布でつくる。それを一定の量で合わせて、つゆにするんだ。だから、うちのはうまい」。

平松 いきなり洗礼を受けた。

坂崎 もともと麺類が好きでしたが、そのとき初めてそばを通じて社会と触れ合った。昭和四十八、九年です。そのあと、浪人しているとき、横浜駅の喫茶店で友だちとたむろしていたら立ち食いそばがあって。

平松 十代の男の子にとっては、安くておなかいっぱいになる便利な食べものですものね。

坂崎 お金がないから、かけそばに唐辛子をめちゃめちゃかけて。サラリーマンの人たちが通過してゆくのを見ながら、「世の中で働くのは大変なんだな。おれ、働けるのかな。生きていけるのかな」なんて思っていました。

平松 坂崎さんにとって、立ち食いそばは社会の入り口だった。

坂崎 ええ。ダメ人間なりになんとなくこう、社会を見ていた。入学した大学の近くにあったのが「立ち食いそば飯田橋」。通ううちに親しくなって、店のおやじに「ちょっとスキーに行く金貸してくれよ」「ほんとうか、お前。立ち食いそばで金借りてスキーに行くやついねぇぞ」。そんな会話を交わすくらいなかよくなって。「大学卒業したら、立ち食いそばやっていいですかね」と言うと、「絶対やめろ。こんな大変なものはない」。そこのおそば、すごくおいしかったんです。ゆで麺で、おつゆが結構醤油の立った濃い味。毎日のように食べていました。

坂崎 好きなメニューは何でした？

平松 玉ねぎのかき揚げが一種類だけあって、玉ねぎを二センチ×三センチくらいの大きさにざく切りにして、金属の輪っかに入れて揚げたのがすごくおいしくて。当時、百七十円とか二百円くらいでした。

坂崎 立ち食いそばを食べて驚くのは、お店によってこまやかに味が違うところです。ご主人の出身地も関係しています。かつおだしより昆布だしが利いてるところは、関西系の人ですね。醤油が結構立っていて甘い味が強いつゆは、新潟の人が多い。新潟のそばつゆって結構甘いんです。金沢は砂糖が入ったり、東北のほうは醤油が濃くて、かつおだしがしっかり利いている。

平松 東京にはいろんな地方の方がいるから、そのぶん多彩な味に触れる機会も多くなる。

坂崎 そうなんですよね。だから、おなじ郷土の人が食べれば、「あ、うまい」となる。

平松 パチッと合うと「これだ！」。街場のふつうのそば屋さんって、そこまでの違いが少ないですね。個性が薄い。

坂崎 街のそば屋さんは、のれん会系がほとんど。そもそも、そば粉をはじめそばをつくるための食材を各店が一定して仕入れるのはむずかしいらしく、一括して仕入れるから、一定の味になってくるんです。ただ、バブル崩壊以降、手打ちのそば教室がすごく流行って。

平松 店主が作務衣《さむえ》を着て、ＢＧＭにジャズがかかってる店が増えていって。

坂崎 個人のそば屋が流行ることによって、いろんな味が生まれた。化学調味料が一世を風靡した時代もありますが、その風潮に押されず、かたちを変えず粛々と、「化学調味料なんかお金がないから、買えない」というノリでやっていた店が、逆に結構残っています。

平松 お店のご主人の人柄も魅力のひとつですね。水道橋「とんがらし」は、ご夫婦のコンビネーションがすばらしい。おふたりが働いている姿を見ると、感謝の気持ちが湧いてきて手を合わせて拝みたくなっちゃう。

坂崎 一番人気の盛り合わせそばなんか、「小えび三、なす一、いか一」って書いてあるけれど、実際は小えびは四つか五つ、なすなんか二本出てくる。注文してから、おやじさんが「行くよーっ」と揚げはじめ、「そろそろいいよ」と言うと、女将《おかみ》さんが麺をゆで、丼につゆを張って、そこへ天ぷらをのせる。すると、揚げたてだから「じゅっ!」と音が立つ。それがすごくて、うおぉ〜。私はいつもナス天、冷やしナス天ひもかわっていうのを頼むのですが、四分の一カットのなすが六本も入っている。

平松　天ぷらといえば、初台の「加賀」もじゅっ！　って音が立ちます。揚げかたにも技があって、大きめのざく切りの玉ねぎを輪っかの型に入れて揚げるんですが、見ていると、こう、箸であいだをつついて空気を入れこみながら揚げる。だから、硬くならず、すき間につゆが入ってふわっとほどけるんですよね。

坂崎　その場で揚げてくれて、あの金額で食べられる店って、ほかにないです。

平松　稀少な一杯です。ところで、立ち食いそば屋さんって、かき揚げそばを食べると、そこの個性が明確になるように思います。かき揚げそばを食べると、ふわっと味が際立ちますよね。

坂崎　その通りです。あれはひとつの作品です。

平松　作品！　言い得て妙ですね。たしかにひとつの世界が立ち上がっている。ちくわ天より、春菊天より、やっぱりかき揚げです。

坂崎　最初に行ったとき何を食べようかなと迷ったら、かき揚げそばを食べるっていうのが正しい攻めかたですね。

平松　やっぱり！　そして、天ぷらのありかたが、結果的に立ち食いそばの魅力を決めるように思います。

坂崎　そうです、そうです。

平松　天ぷら屋さんの揚げたての天ぷらは、いくらおいしくても、立ち食いそばに合うというものではない。

坂崎　そうです、べつの世界の味なんですよね。

平松　坂崎さんは、天ぷらが入ったつゆを、「花開く」と書いていらして、すごい表現だと思って尊敬しました（笑）。私、「二葉」で天ぷらを買って帰ったことがあるんです。

坂崎　おっ！　やりましたね（笑）。プロですよ、すでに。「二葉」の天ぷらは、にんじん天、ごぼう天、貝柱かき揚げ、びっくりするのが、椎茸《しいたけ》が六個くらい入っているしい茸天。だしも返しもしっかり利いていて、麺も重量系。しかも天ぷらの種類があれだけ多くて、まったくお客さんを飽きさせないのは、ほんとうにすごい。少し冷めたのを熱いそばに入れると、ちょっと命を含むように、天ぷらの味がサーッとこう生き返る。そういう味を出せるのは、やっぱり立ち食いそばでなければ。

平松　ただ、実際に持ち帰って、時間が経ってから家で食べると、じゅわ〜っと油が染み出て、かなり厳しい。あれはやっぱり、立ってささっと食べるからこそ気にならない。なにより、おつゆの味と衣の厚みが融合して、食べているうちにもろもろ、もわぁっとなってきて、こくがだんだんと深くなってゆく。あれが立ち食いそばの醍醐味だと気づきました。

坂崎　天ぷら、麺、濃いめのだし、この三つが揃うと別世界になります。ふつうの天ぷらそばとはまったく違う世界。最近は生麺がいいなどという風潮もありますが、そこはどっちでもよくて。まず天ぷらは、関東ではかき揚げ。麺は、コシのあるゆで麺。ちょっとふわっ、ぼそっとした麺に強めのつゆ。おつゆがおいしい店はね、けっきょく、どの麺で

天丼のナスは、イカ1本に変更できます
ひもかわ終了しました
うどん終了しました
ミニ天丼セット そば うどん ひもかわ ¥550
もりあわせ丼 ¥550
玉ネギ丼 春菊丼 各¥400
冷掛け あります (無料)
夜だけメニューはじめました。よろしくお願いいたします。
◎かきあげ天 ¥400
おろししょうが

しい茸天
ごぼう天
ちくわ天
アジ天
キス天
イカ天
げそ天
冷しあります
玉ねぎ天
にんじん天
青菜
ワカメ

もどんな天ぷらでもおいしい（笑）。最終的には、だしのマジックです。天ぷらは個性があるし、揚げたてがいいという人もいれば、少し硬くてもイカゲソ天でワシワシ食べるのが好きな人もいる。だから、どこの店がすごくおいしいとかって、あんまりないんですよね。「これはとにかくナンバーワン」みたいなの、ない。

平松 立ち食いそばに「ナンバーワン」って、すごくナンセンスですよね。そういうくらべかたをすると、おもしろみが半減する。みんなみごとに個性がばらばらだというところに価値があって、そこをどうおもしろがるか。佇まいにもときめきます。暖簾ひとつとっても、決して堂々としていなくて、街に対してすごく控えめ。「すみません」って言ってる感じがある。

坂崎 そう、ひっそりとね。

平松 絶対に大きな顔をしないっていうところが、すてき（笑）。大人にならないと、このよさってわからないかもしれない。

坂崎 絶対わからないと思います。

平松 高円寺に、「桂」という立ち食いそば屋さんがあるでしょう？ 私の子どもが保育園に通っていたとき、じつはあの店の前を毎日ずっと通っていたんです。でも、そのときはまるで目に入らなかった。当時は全然余裕がなかったんだなあ、とあらためて思いましたね。だから、ある意味で立ち食いそばは「心のスキマ」（笑）。

坂崎 「桂」って、すごくペラい店でしょう。

平松　奥行きというものがまるでない。

坂崎　おやじさんに聞いたんです、「なんでこんなに狭い店でやるんですか？」。そうしたら、最初は八百屋さんだったそうなんです。ところが、西日がすごいから果物や野菜がやられちゃって「これ、だめだ」。それで立ち食いそばをはじめた。昭和四十七年ごろの話です。

平松　それで納得しました。三時過ぎに行ったら、すでに西日がすごかった。

坂崎　大都会の片隅で、みたいなね（笑）。

平松　高円寺の隣駅、中野といえば「かさい」。「かさい」は、中央線の電車の窓から見えるので、長年ずっと観察してきました。中野駅で停車すると、電車のなかから「あ、今日は三人食べてる」「あの歩いてる人、きっと『かさい』に入るぞ」とか。

坂崎　それ、いいなぁ。最高ですね。

平松　すごく見晴らしがいいけれど、暖簾に隠れて頭だけ見えない（笑）。

坂崎　見えるのは肩まで。

平松　中央線では、「かさい」の人気はとても根強いですよね。あの太い、もぐもぐもぐと嚙んで食べる麺とおろし生姜の相性が忘れがたい。やっぱりパッと思い浮かぶ特徴がある味は強いですね。銀座に勤めている知人は、銀座の立ち食いそばは「かめや」と「よもだそば」のチェーン店が人気を二分していると教えてくれました。「よもだそば」は、季節ごとに山菜の天ぷらを出したり、カレーもあるし、まだ食べたことはないけれど

坂崎　「ラそば」まで出す攻めの姿勢が興味深い存在です。「ラそば」、あれはイケますよ。おつゆはそばの汁で、麺がラーメン。じつは「かめや」と「よもだそば」の社長は、いわば師弟関係。お互い切磋琢磨して、立ち食いそばの世界を盛り立ててます。

＊

「大衆そば屋・立ち食いそば屋の系統別分類」と題して、坂崎さんはこんな分類を提示している。

「街中系」「鉄道系」「門前系」「街道系」「工場地帯系」「娯楽系」「ギャンブル系」「建築工事系」「波止場ターミナル系」「公的機関系」「公園系」「頂上系」

つまり、大衆そばは、すでに社会の構造の一部でもあるのだった。まったくもって、あなどれない。その存在意義に気づくと、またしても『ちょっとそばでも』を片手に、ふらふらと立ち食いそばを求めて街に出てしまう。

暖簾をくぐれば、そこには必ず独自の味があり、いちいち驚かされる。たとえば、東神田「そば千」。黄色い看板を目印にがらがらと扉を開けると、変形L字形のカウンター、ずらり種類別にガラスケースに並ぶ天ぷら。昭和の空気をそのまま残す「そば千」は、かつておなじ場所で営業していた昭和四十八年創業「いとう」の佇まいと味を伝えているという。閉店する店の味に惚れこみ、二年をかけて再現に取り組んだ「そば千」の一杯は、さすが衝撃的なおいしさだ。

坂崎さんは、こう書いている。

「つゆは『いとう』同様、黒くて濃いのが特徴だ。出汁は鰹節・宗田節、昆布などを使い、毎朝引いて返しを合わせて提供している。このつゆが『いとう』の原点でもある。そばは茹麺だが、この天ぷらとつゆに合っていて、驚くほどのできばえである。筆者が『いとう』に最初に来た時、『老舗の名店などに行かなくても、ここのそばで十分だ』と思った、その味が十分に再現されている」

私も、さっそく足を運んで味わい、心底感嘆した。「竹輪天そば　三百七十円」。箸で引き上げると、ぐっと抵抗感のある、こしが強くて太い麺。濃いつゆは、まったりと奥行きのあるうまみを持ちながら、すきっとキレがいい。カウンターに置いてある唐辛子を足すと、あらたに唐辛子の辛みが、つゆ、麺、天ぷらをぴたりと引き寄せ、「そば千」独自の世界。舌の上で展開するどこにもないおいしさだ。店主の五十嵐さんに伺うと、営業時間中に返しを補充することで、つゆの味わいに深みを出しているというから、じつに芸がこまやかだ。

開店は午前三時、前夜十一時から毎日仕込みをはじめる。立ち食いそばへの愛と誠実がなければ、誰にもできることではない。開店したてはタクシーや長距離トラックの運転手、夜勤明けのお客で朝方までにぎわい、第二波は七〜八時台、出勤前のサラリーマン。第三波は昼食どき、近隣のお客さんで混み合う。「そば千」は、東神田の街にさりげなく溶けこみながら、庶

❶ 東神田の問屋街にある「そば千」に坂崎さんが現れた。靖国通り沿い、黄色い看板が目印。❷ 最近の立ち食いそば店は券売機が多いが、「そば千」は代金を手渡しする。❸ゆで麺を温め直してから、天ぷらをのせる。❹ 黒々としたつゆをたっぷりかける。❺ 春菊天とたまねぎ天、あとは長ねぎだけ。濃い「染まり系」のつゆが特徴だ。

そば
立喰そば
そば・うどん
天丼・カレー
そばうどん
冷しそば
ぶっかけ
400円
海老天

民の日常生活を力強く支えている。

＊

平松　坂崎さんが三十五年ずっと立ち食いそばの店に通い続けるなかで、消えてしまったお店もたくさんあるのでは。なにしろ一杯の値段が安いし、経営も大変だと思います。

坂崎　厳しいですよね。とくに個人経営の店は、自分が病気をすればもう終わりみたいなところもある。すごくおいしかった「たけみ」という店が、今年一月三十一日に「もう限界だ」と閉店してしまい、ほんとうに残念なんです。でも、じゃあ自分の親が立ち食いそばやっていたら、おれは立ち食いそば屋やってたかなぁ、と思うと、たぶんやってないでしょうね。どんなにいい店でも、息子さんが「こんな大変な仕事やりたくない」。ほんとうにどんどん、どんどんいい店が消えて行ってしまう……。

平松　でも、踏んばっている個人経営のお店もある。

坂崎　生き残るのは、やはり味に特徴がある店ですね。チェーン店の「小諸そば」はオフィス街にしかないのですが、昼中心にサラリーマンがたくさん来るので、生麺を見当でゆでていく。そうすると、ゆで置き時間を短めにして、生麺に近い状態で出せる。それぞれの店で特徴を出しています。

平松　人通りが多い都心の激戦区で、いかに足繁くお客を通わせるか。チェーン店の挑戦もすごくシビアですね。

坂崎 立ち食いそばをはじめたいという若い人はいるんです。ただ、むかしながらの味を出せるのかというと――。化学調味料の味に慣れきっちゃった若い世代が、むかしの味のようさをほんとうにちゃんと出せるのか。あのね、みんな、ラーメン屋やっちゃうんです。一杯八百円取れるし、利益率がいいからラーメン屋でひと旗揚げよう、となる。

平松 値段の安さを考えると、よほど立ち食いそばに対する愛情や執着がないとやっていけないのかもしれない。

坂崎 立ち食いそばが好きでも何でもない人がおいしいものをつくれるかと言えば、やっぱり無理だと思う。そばは、湯切りの仕方ひとつにしても水分が残らないようにやるには、よほど熟練した人でなければ。そばは、そもそも家庭でお母さんやおばあさんが打ってたわけですから、家庭的なものなんでしょうね。

平松 街場のおそば屋さんは〝お店の味〟だけれど、立ち食いそば屋さんは〝家庭の味〟。どこかに人情味を宿している味。

坂崎 ふっと思い出す味なんですよ。

平松 初めてなのに、自分の記憶のなかに棲《す》んでいた味というか。だから、立ち食いそばの味は、ちょっとなつかしい感じがするのかもしれません。味が違っても、家庭の味に「まずい」ってないじゃないですか。それとおなじようなものなのかもしれないですね。

坂崎 ええ。やっぱり女の人も、早く立ち食いそばに目覚めてほしい。「こんなおいしいものを、なぜ誰も食べなかったの？」となるに違いないから。

坂崎 男性と女性では、立ち食いそばに対する感覚が少し違うかもしれません。

平松 そうですね。立ち食いそば屋は、おじさんの「ケ」の場というか、さっと食べて出て行くところ。女の人が入りこんでくる場所ではない感じがちょっとあって。それは居酒屋にも共通していて、景色として、女がじゃまな空気がある気がします。でも、銀座の「よもだそば」など、チェーン店はずいぶん女性のお客さんが多いですね。入りやすいし、小ぎれいだし。オフィス街では女性のグループ客も目立ちます。街場のレストランのランチは千円だけれど、立ち食いそばなら五百円以下。先日、「よもだそば」で四人組のOLさんが「ようやくかき揚げに戻って来られた」（笑）。何かと思ったら、メニュー選びのローテーションがあるらしく、どうやら毎日通っているらしい。

坂崎 いいことですよね。

平松 ヘルシーですしね。

坂崎 立ち食いそば屋さんに、女性が来るようになったのは、ラーメンを女性ひとりで食べるようになったから。それに、上司と食いに行ったっておもしろくもなんともないでしょう？　私、嫌だったんです。いつも、「おい、行くぞ」とか言われて、ぶつぶつ言われながら食べるのが嫌で嫌で。会社を辞めた理由、それじゃないかな（笑）。「放っておいてくれ」と。

平松 立ち食いそばはひとりになれますものね。

坂崎　そうです、それがいいんです。

平松　解放される。

坂崎　はい。女の人がやってるお店も結構、多いんですよ。女の人がいると、頼みやすいんです。

平松　女性客が増えてきたのはいつごろからですか。

坂崎　ここ二、三年ですね。吉野家で牛丼を食べたくない女子が麺類に流れている。気楽に入れて、丸椅子が置いてあるなら、立ち食いそばのほうがいいと思う女性は多いですよ。最近は立ち食いそば屋でもテイクアウトの注文を受ける店が多くなりました。お店側からは「面倒くさい」という声もよく聞くのですが、「宣伝費だと思ってやってください」って、私は言ってるんです。

平松　立ち食いそばは、坂崎さんが書いていらっしゃるように、「短時間エンターテインメント」。経営者に要求されるのは「根性と確信を持った経営力」。まったく同感なのですが、エンターテインメント性と経営力を両方併せ持つのは、ほんとうに大変なこと。そこをどうくぐり抜けてゆくか、みなさんが試行錯誤していらっしゃる。

坂崎　そうなんです。東十条の「そば清」さんなど、「本格的なカレー」って書いてあって、たしかにおいしい。おいしい「だし」を入れてるから、おいしいに決まっているんですが、そういうこまかな工夫を凝らしてがんばっている。古いお店は変わりようがないでしょうね。ゆで麺だったのを生麺にする、生麺が人気だから生麺にするということは多分しないと思うんです。なにしろ人手が足りないんですよ。

平松 ところで、坂崎さんの理想の立ち食いそば屋ってどういうのですか。

坂崎 ええとね、昭和四十七年ごろ、駿河台下の信号の手前に「三ッ森」という立ち食いそば屋さんがありました。そこのカウンターの向こうには大きなつゆの鍋が置いてあって、湯気がぶわーっと出ていて、だしの匂いがいつも香っているから、前を通ったら絶対入らなきゃならない気持ちになるんです。

平松 入ったら、だしの香りが充満。

坂崎 そう、だしの香りが店中にあふれているんです。

平松 おお、立ち食いそばの桃源郷ですね（笑）。そういえば、ときどき注文の仕方に戸惑うことがあるんです。時間をかけちゃ申し訳ないと思ってしまい、せっつかれている気分になる。

坂崎 わかります。入っていきなり「はい、そば、うどん、どっち？」と畳みかけられると、「じゃあそばで」となっちゃう。「なにかのせますか？」と言われたら、知らないうちに頼んじゃってたり。

平松 チェーン店系は券売機だから、品書きが目前に同時展開するので、もたもたしてしまう。後ろに人が待ってたりすると、早くしなきゃとむやみにあせってしまって。

坂崎 私もそれ、苦手です。探せないの。どこ押していいかわからなくなって。だから、食券は問題になりますね。ざるそば系が好きか、温かいのがいいかとか、分かれて表示されているお店だと、まだいいけれど、めちゃめちゃに並んでる店がある。

平松　坂崎さんでもだめですか。安心しました。

坂崎　私、自分が食べたいおそばを探せないまま帰って来ちゃったことがある（笑）。

平松　やっぱり、バシッと明快に短冊に書いてあるほうが、目に入りやすいし、選びやすいですよね？

坂崎　その通りです。困ったときの対策としては、かけそばなど安めの食券を買い、その後「天ぷらはかき揚げにしてくれる？」という作戦。

平松　最初から完成させようと思わず、オプション作戦に出る！　学習しました。そもそも坂崎さんは、ほかの食べものではなく、なぜ立ち食いそばに惹きつけられたのですか？

坂崎　けっきょく、ダメ人間だったんですよ。周囲はみんな東大に行き、医学部に行く。でも私は、自信がなくて。だからといって不良になる度胸もないし、専門職には行きたくない。そんな浮遊状態でいるとき、立ち食いそば屋さんが止まり木だった。おやじさんと話をしていると、「なぜこの人、立ち食いそばはじめたんだろう？」「こんな大変な仕事、どうしてやってるんだろう？」。親がそば屋だったから、そばが好きだったという人もいますし、人それぞれ。

平松　そして振り返ると三十五年間ずっと、一日一杯を貫いてきた。

坂崎　出勤前、絶対どこかの駅でそばを食べるんですよ、自分の義務として（笑）。出張先でも必ず食べます。まぁおうどんもそうなんですけど、最初食べたとき「これはうまい」

じゃなくて、食べていくとだんだん余韻がふくらんでゆく。ラーメンは最初に「うまい！」と、パッションで食べる。うどんはもしゃもしゃと食べる「幸福感」がある。そばの場合は「余韻」です。

平松　珠玉の言葉ですねえ。坂崎さんのお人柄もあると思うのですが、決して否定から入らない。こうしてお話を伺っていても、優劣をあげつらう意識がないから、立ち食いそばの魅力が逆に浮き上がってくる。最初からそういう態度だったんですか？

坂崎　最初からですね。こっちへ食べに行って、「うまい」と思い、またここに行って、「おっ、うまいなぁ」。で、「それとこれと、どうなの？」って言われても、それとこれとは何も関係がないんですよ。もちろんまずいものもありますよ。「でもまぁ、いいんじゃない？」（笑）。

平松　つねに寛容。それはやっぱり、自分の収まりどころを探していた浮遊感のような自意識と関係がありますか。

坂崎　絶対あるんです。前の会社を辞めて、三十のときに独立しちゃった、ちょっとふらふらした生きかたと立ち食いそばが合ってたのかもしれない。

平松　居場所ができた安心感があった。とはいえ、お酒方向へ流れる人も多いと思うのですが。

坂崎　うーん、居酒屋はね……。やっぱりなにかこう、筋が通ってるような感じがするんですよ。自分はそういう人間じゃないな、と思う。「そんなえらい人間じゃないから、そんなうまいもの食べなくてもいいよ」というか。過去を振り返ると、まずいものを出されてきたことのほうが多いかもしれず、でも、「自分はこのくらいでちょうどいいな」という気持ちがある。おいしいものを食べて「おいしゅうございますね」と言っても、そこを出たら、「あぁ、立ち食いそば食べたい」（笑）。下手にいるくらいが、自分にはちょうどいいんじゃないか、と。

平松　坂崎さんにとっては、立ち食いそば屋は等身大なんですね。

坂崎　あ、立ち食いそば屋でも飲みますよ。

平松　え？　お酒を置いている店もあるんですか？

坂崎　ありますよ！　たとえば、蛎殻町「みどりと風のシンフォニー」。ここね、いまはリニューアルしたけれど、以前は夜行くと、常連さんが飲んでいたんですよ。ワイン、焼酎、ハイボールもあって、手づくりのおいしいつまみもあるから、もう異次元空間。店主の名前がみどりさん、お客さんが「風」なんですって。

平松　いっしょにシンフォニーを奏で合う。

坂崎　そうなんです。みどりさんが小学生のとき、お父さんが夜鳴きうどんのアルバイトをしてたんですって。仕事に出るとき、「おい、行くぞ」と声がかかるといっしょに出かけて、お店を手伝っていた。それが楽しくて楽しくてしょうがなかった、と。ずっと水道橋のそば屋さんで働いていらしたんですが、東日本大震災のとき、耐震構造が取れないというので閉店せざるを得なくなった。あらたに仕事をはじめるとき、子どものころの幸せな気持ちを思い出して、「やっぱり、立ち食いそばをやろう」。「自分が小さいときの、その幸せな思い出があるから、やれる」と。

平松　いいお話ですね。立ち食いそばを通じて、お客がみどりさんの人生と触れ合っている。

坂崎　立ち食いそばって、お客さんとの関係がすっきりしているところがいい。居酒屋だと、おやじがくだを巻きがち。サラリーマンなんかと飲みに行くと、上下関係が出てきちゃったり、おなじ会社じゃない人と飲みに行っても、相手がお得意さんだったりすると、口調まで変わってきちゃって。ストレスを発散しに来たのに、もう何倍も増やして帰ることになってしまったり。立ち食いそばには、そういう要素がいっさいないのがいい。

平松　立つにしても座るにしても、みんな横並びですものね。肩を並べて横並び。だからよけいに気持ちいい空間なんですね。

趣味のお茶漬け

好きな本のひとつに『明治商賣往来』（仲田定之助著　青蛙房）がある。明治二十一年、東京・日本橋に生まれた著者が往時の暮らしのあれこれをこまやかに描くのだが、いつ何度読んでも時計の針が逆回りする活写ぶりがじつに楽しい。

そのなかに、読むたびにごくりと喉を鳴らしてしまうこんな一節がある。

「冬の凍てつくような深夜の街の静寂さを破って、『なあべやァきィうどォん』と呼びながら、荷台を天秤《てんびん》で担いでくるのが鍋焼うどん屋である。手拭を頬かむりして、汚れたちゃんちゃんこを着たおやじは、呼び留められると、渋団扇を叩いて七輪の火をおこしながら鍋焼の用意にかかる。

火事の半鐘がなると物見高い東京の下町っ子はすぐ弥次馬に飛び出して行くが、鎮火しての帰る道すがら、鍋焼屋の荷台の前でふうふう云いながら食べているのをよく見かけた。わたしも一度は試食したいと思ったが、往来で立喰いするのは悪いことだと躾《しつ》けられていた。それでも友人の家で試験勉強をした真夜中、二階から往来に、兵児帯《へこおび》をつないで岡持ちをつるし、その鍋焼を釣り上げて、念願を果たしたことがある」

短い文章なのに、何度読んでもそそられる。寒さに首をすくめながら二階からそろりそろりと岡持ちを引き揚げ、自分が熱い鍋焼うどんを部屋に招き入れている気分になる。もし明治のころに逆戻りすることがあったら、ぜひやってみたい。

この一文に気を引かれるのは、ささっと一杯だけ、というところにある。好機を逃さず引き寄せた鍋焼うどんだからこそ、かえって稀少な幸福感を連れてくる。できますものはひとつだけ、相手があらかじめ球種を絞り切ったところに自分のバットをぴたりと合わせるジャストミート感。大風呂敷を広げて待っていられるより、幅の狭いところで向き合い、熱いうどんを啜りこむ。

品数の少ない店というのは気持ちのいいものだ。間口が狭いぶん、ひとつのことに神経がゆき届いているのが伝わってくる。往来を流す焼きいも屋も、考えてみれば究極の一品屋といえるかもしれない。そもそも日本の食べもの屋には一品だけの店がとても多い。鮨《すし》屋、天ぷら屋、鰻屋、焼き鳥屋、おでん屋、そば屋、ラーメン屋。むかしは甘酒屋、かき氷屋を見かけることもあり、軒先で屋号を染め抜いた小旗がはためく風景に情感があった。

そんな小体な店のひとつにお茶漬け屋がある。お茶漬け屋は、すでに江戸中期に現れており、「茶漬見世」と呼ばれて人気を博していた。私が子どものころ、昭和四十年代あたり、商店街をちょっとはずれたところに、「お茶漬け」の小さな看板が通りに出ていて、それが気になってしょうがなかった。わざわざ「お茶漬け」とあるのだから、それ相応のお茶漬けを出すのだろう。しかし、あれは外でわざわざ食べるものではなく、食事のおしまいとか食べるものがないとき、しかたなしにそれですませるものではないのか。不思議に思ったけれど入ってみるわけにもゆかず、ずっと気にしたまま歳月が過ぎた。

いまなら、「お茶漬け」にこめられた言葉になりにくい情感のあれこれがよくわかる。酒を飲んだあと、小腹を充たしたいとき、もう一杯だけ飲んでからさらさらとおしまいにしたいとき、お父さんが夜ふけに家に辿《たど》りついて「なにか食べさせてくれ」など口が裂けても言えないとき。お茶漬け屋は、そういう中途半端な、道にはぐれた気持ちをふっくらと引き受けてくれる場所だと思う。

そんなむかしながらのお茶漬けの店が、新橋二丁目の路地裏にある。昭和三十三年開業、新橋界隈のほろ酔い客がこぞって「締めくくりに食べさせるお茶漬けがうまい」と太鼓判を押す「鹿火矢《かびや》」である。

お茶漬けの種類は三十一種類もある。

梅干茶漬　600円
しその実茶漬　600円
高菜茶漬　600円
わかめ茶漬　600円
月見茶漬　600円
葉とうがらし茶漬　600円
しぐれ蛤茶漬　700円
白魚茶漬　700円
生椎茸茶漬　600円
なめ茸茶漬　700円
さけ茶漬　700円
たら子茶漬　700円

納豆茶漬　600円
三つ葉茶漬　700円
きゃらぶき茶漬　600円
のり茶漬　500円
たい茶漬　900円
いくら茶漬　900円
すじ子茶漬　900円
鉄火茶漬　900円
いわし茶漬　900円
子持ちわかめ茶漬　900円

奈良漬茶漬　600円
塩昆布茶漬　600円
おぼろ昆布茶漬　600円
とろ昆布茶漬　600円
うに茶漬　900円
鳥茶漬　800円
くさや茶漬　800円
明太子茶漬　800円
貝柱茶漬　900円

半世紀前から、ほとんどおなじ種類を出してきた。だしは昆布とかつお、塩を少し。注文を受けてから一杯ずつ小鍋に煮立て、薄口醬油と塩で味を調える。たい茶漬やいわし茶漬は、すりごまと練りごまを合わせて刺身にまぶしてごはんにのせる。のせるのは切り三つ葉、あられ、海苔《のり》、わさび。試行錯誤ののち、店主の吉田隆さんが長年ずっと通してきた味だ。

吉田さんが店をはじめたのは二十四歳、早稲田大学文学部哲学科を卒業してすぐのことだ。昭和三十年代前半、就職難の時代にあって、生活していくためには自分で店をやるのが手っ取り早かった。さて、なにを出そうと思案したのち定めたのが、お茶漬けだったという。

お茶漬
梅干茶漬
しその実茶漬
高菜茶漬
わかめ茶漬
月見茶漬
納豆茶漬
三つ葉茶漬
きゃらぶき茶漬
のり茶漬
しぐれ蛤茶漬
白魚茶漬
なめ茸茶漬
さけ茶漬
たらこ茶漬
奈良漬茶漬
塩昆布茶漬
たい茶漬
いくら茶漬
すじ子茶漬
鉄火茶漬
うに茶漬
鳥茶漬
くさや茶漬
明太子茶漬
子持わかめ茶漬
いわし茶漬
貝柱茶漬
●ミックスも承ります。（合わないものもあります）
●小盛りもございます（各百円引き）

「当時は一杯百円。そのころはふたつきの丼だったの。だしはかつおと昆布、塩。貧しいスタイルです。京都あたりに行くと、やたらきれいで気取ったお茶漬けがあるじゃない。あれはつまらない。やっぱりお茶漬けって、野暮じゃなきゃだめだよ」

吉田さんの言う野暮は、つまり「隙《すき》のある味」ともいえるだろう。決して攻めてこず、だから気が張らずにすむ。ちょうど外と家庭のあいだ、外にいながら限りなく家庭に近い――そんな微妙な位置を掬《すく》いあげてくれるのがお茶漬けなのだ。

「お茶漬けって、なにをどうしなきゃいけないっていう決まりがないでしょう。そこが自分の気風にも合ったんだな。きざな言いかただけどね、趣味のお茶漬け」

わたしはびっくりした。「趣味のお茶漬け」! 昭和の言葉である。昭和のころ、店の名前の隣に「趣味のお茶漬け」と書き添えてある小さな看板をときおり見かけた。意味ははっきりとわからなくても、雰囲気だけは伝わってくる。好きなように、自由に、遠慮なく。「趣味」の二文字にそんな気分が漂う。でも、いつのまにか世間から消え、すっかり記憶の彼方に押しやられたなつかしい言葉。

「葉とうがらしのお茶漬けの場合、葉とうがらしは辛いでしょう、ほかのお茶漬けに使うだしとおなじでは塩辛くなってしまう。だから、だしを薄くして味を調えます。生椎茸のお茶漬けの場合は、椎茸だけじゃさっぱりしすぎておいしくないでしょ、だから椎茸を焼くとき醬油をまぶして、香ばしくしたのをごはんにのせてだしをかけてさ」

「趣味のお茶漬け」のゆったりとした響きが、ハンモックの揺れのようだ。新橋でお茶漬けの店をはじめて五十五年、吉田さんは「当時は銀座に一軒、渋谷に一軒お茶漬け屋があったくらいかな」と回想する。いまではお茶漬け以外の料理もたくさん出すようになったけれど、「鹿火矢」には一杯のお茶漬けを巡ってお客といっしょに紡ぎ合ってきた空気が漂う。

「食べもの屋さんだから、自分がこさえたものは丁寧に出したい。だしと香りっていうのはね、勝手に先に行かない」

だしと香り。お茶漬けに「趣味」という言葉がそこはかとなく合うのは、だしの寛《ゆるやか》さがあるからだ。きちんととっただしのうまみ、香り。その包容力のなかで遊ばせてくれるのが、お茶漬けのしぶいところ。そして、お客はほろ酔い気分でささっと手早くかっこむ。こんな簡単で早いものはないと見えて、じつは気働きの一杯である。

ささっと一杯。この言葉の意味を塗り替えてしまうクールな店がある。それも、お江戸日本橋のどまんなか。一年ほど前にふらりと入り、その逆転の発想に触れて目が覚めるようだった。「COREDO室町」のエントランスを入ると、あたりに漂うふわあっといい香り。まさかこんな都会的な新しいビルで？　意表を突かれてきょろきょろすると、その香りが確信的に鼻腔をくすぐってくる。だし。だしの香りなのだ。しかも、いっしょに削りたてのかつお節の香りも感じる。

店の名前は「日本橋だし場」。「場」は「BAR」の意味がある。かつお節の老舗「にんべん」が経営するこのフラッグショップでは、なんと一杯百円でだしを飲ませる。吸い物ではない。料理に使う以前の、ようするに味のついていないだし。なんと斬新な発想だろう。日本の料理の根幹はだしにあることは周知の事実だが、あくまでも料理のための素材である。とはいいながら、だしのおいしさが料理のおいしさに直結するのだから、視点を変えてみればだしは十分に売る価値のある存在なのだった。そして、平成二十二年十月にオープンして以来、連日の盛況ぶりである。

わたしも、日本橋に行ったときに寄るようになった。注文するのはもっぱら熱いかつお節だしである。

かつお節だし　100円
かつお・昆布合わせだし　100円
かつお冷やだし　100円
かつお・昆布合わせ冷やだし　100円

カウンターで百円を渡して注文する。

「かつお節だし、温かいのひとつください」

削りたてのかつお節でとった熱いだしが簡単な紙のカップに注がれるのだが、手渡された瞬間がとてもいい。金色に輝く透明なだしからふわあーっとやわらかな香りが立ち昇ると、たとえば夕方、それまで気づかなかった疲れや緊張がほどけてゆく。だしの香りには、ひとをリラックスさせる力がある。カウンター近くに据えられた丸テーブルに移動し、バッグを置いて、だしを啜る。つつーっと口中に流れこんでくるだしのうまみが味蕾《みらい》を開かせ、意識が覚醒するような心地を味わうと、無意識にため息が出る。最初のひと口を飲み、ひと呼吸置いて「はあ～」。熱い風呂に浸《つ》かったときとおなじなんですね。だしには、ひとをほどけさせる魔法があるらしい。

半分は、だしのまま飲む。つぎに、テーブルに用意してある塩を入れて飲む。塩をくわえると、その劇的な変化にまた覚醒する。だしのうまみがきりっと締まり、こんどは甘みが生まれる。少し疲れているとき、暑いときは、塩の回復力にも驚かされる。わずか一グラムにも満たない塩が、これほど心身に大きな影響力をおよぼすとは。醬油をほんの少し垂らすときもある。すると、醬油のうまみがだしと塩に合わさって一変し、吸い物になる。削りたてのかつお節でとっただし、塩味のだし、醬油の加わっただし。百円玉一枚で、三つの味わいを堪能する。一滴残らず飲み干すころには、活力が戻ってきているのだから不思議だ。

開店当初は話題性も手伝って、一日千八百杯、二千杯を記録したこともあるという。いまは落ち着いて、一日三百から四百杯。いったい、誰が「だしを売る」ことを考えついたのだろう。

「瓢簞《ひょうたん》から駒なんです」

照れながら笑うのは、「にんべん」日本橋本店店長の大場満さん。社内の新店プロジェクトチームのひとりとして、試行錯誤を重ねてきた。

「最初、とりあえずいろいろやってみたんです。だしを生かした飲みものをやろうと決めていたので、フルーツを入れてジュースにしたり、ヨーグルトを合わせてみたり。健康飲料をつくろうとして、きな粉を入れてみたりもしたけれどまずかった（笑）。いくらだしが本物の味でおいしくても、これではお客さまに提供できないと頓挫したんです。時間も根気もなくなってきたころ、あらたにだしのテイスティングというアイディアが浮上しました。荒節、宗田節などのかつお節のだし、ほかにさば、いわし、あご、いろんなだしをテイスティングする場にしてみようか、と。でもやっぱり話がまとまらず、いよいよ行き詰まった。そこで出てきたのが、ストレートにお客さまにおだしを飲んでいただこうという意見でした」

しかし、議論は紛糾した。創業三百年を超える老舗のこと、「ただの」だしを売っていいのか。お金をいただいていいの？　じゃあ、ただで配るの？　いや、ただはよろしくない。やっぱりお客さまにおいしいものを認知していただくために、お金は頂戴しよう。五十円？　いや、せめて百円……侃々諤々《かんかんがくがく》。

試行錯誤の結果はこうだ。だしに使うかつお節は、店内で削ったばかりの本枯かつお節。浄水器を通した水、四リットルを沸かし、その三％の分量の削りたてのかつお節を入れて、沈んだら漉す。ごく一般的なつくりかただが、なにしろ削りたてのおいしさはとびきりだ。むかしから、こんな言葉がある。「かつお節は客の顔を見てから削れ」。かつお節の香りは揮発性が高いから、削りたて、つくりたてがおいしいだしの条件である。さらには、いったん引いただしは酸化しやすいので、三時間しか保存しないことも決めごとにした。

「最初は不安がいっぱいでした。料理屋さんが、だしを『はい、どうぞ』と出すなんて聞いたことがない。社内の人間にしても、私を含めてかつお節やおだしの味や香りにすっかりなじんでいて、当たり前のものになってしまっている。味のついていないおだしをどう評価していただけるのか自信がなかったし、一日に百杯出るかどうか、それくらいの予想しかありませんでした」

当然だろう。そもそも、だしを飲む、味わうという行為そのものが日常にはほとんどない。味見するにしても、ひと口啜れば用は足りる。ましてや、カップ一杯のだしを飲むなど。

「でも、お客さまはそこに感動してくださったんですね。私たちにとっても大きな発見でした。やはり、ご家庭でかつお節からおだしをとられてない方も多いですし、本物の鰹のうまみ、香りを味わった経験のないお客さまが多かったのです。だしの素がかなり普及しているので、粉末をさっと入れるだけですませている方も多いですから、なにしろ本物のおだしが新鮮なものとして受け容《い》れていただけた」

「日本橋だし場」のもうひとつの顔は、ランチタイムのテイクアウトである。店内で炊くごはんにかつお節をたっぷりかけた「かつぶしめし」、おいしいだしをたっぷり使ってつくる具だくさんの汁物。ほっと落ち着くニッポンのごはんを求めて、昼どきになると近隣のＯＬが三々五々買いにやってくる。

ランチメニュー　8月
かつぶしめし　Mサイズ　150円
　　　　　　　Lサイズ　200円
こんかつめし　Mサイズ　150円
　　　　　　　Lサイズ　200円
冷製もずく汁　350円
夏野菜の豚汁　350円
鶏肉とチンゲン菜の中華風スープ　350円

ごはんと汁、つまり日本の食生活の基本がここにある。健康的な栄養バランスは、日々の生活を支える土台だ。そして、丁寧に引いただしがあれば、塩分を摂りすぎることなく、おのずと満足感が高まる——シンプルな一汁一飯をおなかに収めながら、同時に吸収しているのは、日本人がもう一度再認識したい大切なことがら。そう考えれば、「日本橋だし場」が持つ社会的な役割はとても大きい。じつは、「日本橋だし場」のネーミングは「にんべん」代表取締役社長、髙津克幸さんによる。自分の手帳に書いておいたメモ〈「場」＝「BAR」〉のインスピレーションが「だし場」につながった。かつぶしめしにこだわってきたのも髙津社長である。

「『日本橋だし場』はそれまで世のなかにないものでしたから、反響はとても大きかった。いちばん多いご意見は、落ち着く、ほっとするというもの。おだしってこんなにおいしかったんだ、と。若い人から『初めて味わった』という反応もありましたし、年配の方からは、むかしはこういうだしだった、なつかしいという感想もいただき、非常に客層が広いです」

それもこれも、だしが世代を超えた訴求力を持っているからだ。高津社長から興味深い話を聞いた。かつお節にはヒスチジンという成分があり、脳の満腹中枢を刺激するというのだ。日本食は健康食として世界的に注目されているけれど、そこには、味やうまみだけでなく、だしそのものが料理に対して満足感を覚えさせる効果をもたらしている、と。目からウロコが落ちた。また、だしの素やめんつゆなど、インスタントだしが席巻しているなか、「にんべん」では一本もののかつお節や削り器が毎年安定した売り上げを記録しているという。売り上げの金額だけ考えれば全体のなかで占める割合は小さくても、だしは日本人のＤＮＡに深く根ざしているのだ。

夕方あたりになると、会社帰りの女性が「日本橋だし場」で熱いだしを飲んでなごんでいるすがたを見かける。スーツ姿のサラリーマンがひとりで寄って、まるでコーヒーを飲むようにだしを一杯飲み、さっと立ち去ってゆく後ろすがたには時代は変わったなあと感慨を覚える。ある平日の昼下がりには、日本橋のデパート帰りの主婦ふたりが、だしを飲みながら小声でつぶやき合っていた。

「ほっとするわねえ」

「なんだか元気が出るわね。疲れがとれる」

「やっぱりこういうおだしじゃないとだめね。お恥ずかしいけれどね、久しぶりにちゃんとしたおだしを飲んだわ、わたし」

主婦の正直な本音だった。そしてふたりは、帰りに削りたてのかつお節を買っていった。

店長の大場さんがうれしそうに教えてくれた。

「若い方も、ここでスタイリッシュに飲んでいただけたらいいなと思っていたんですね。オープン後一カ月が過ぎたころ、若いOLさんがふたり入っていらした。このあとどうしようか、と話しはじめて、なんとおっしゃったと思います？『じゃあ、だしでも飲みながら考えようか』。お茶ではなくて、『とりあえず、だし』。これは感動しましたね。夢見ていた『だしBAR』そのものでした」

「瓢箪から駒」は、着実な成果をもたらしていた。あれこれ伺っているうち、話は意外な展開を見せた。髙津社長が言う。

「おだしとごはんを組み合わせると、お茶漬けができます。こんど新たに鯛飯だし茶漬けを出すのですが、いろんな可能性を試してみようと思っています」

お江戸日本橋、芳しいだしの香りに包まれてさらさらとかきこむお茶漬けは、古くて新しいニッポンの味がする。そういえば、と急に思い出して例の『明治商賣往来』をめくってみた。お茶漬け屋の話がどこかに書いてあるかと思ったが、見つからなかった。著者の仲田定之助がいま生きていたら、きっと「日本橋だし場」に現れたに違いない。

新橋駅前の楽園で

×月×日　気温三十四度

暑いというより苦しい。熱波に虐《いじ》められ、ぜいぜいと喘《あえ》ぐ今年の夏である。「ニュー新橋ビル」に足を踏み入れてしまった。ここは「おじさんのオアシス」、または「おやじビル」。午後二時半、ＪＲ新橋駅烏森口の改札で待ち合わせしたのだが、二十分も前に着いてしまい、目と鼻の先にある「おやじビル」にふらふら〜と吸いこまれた。

古いビル特有のゆったりと余裕のあるエントランスをくぐると、冷房が利きすぎて別世界だ。一階をぶらぶら。お出迎えは屋台のような小さいスッポンの店で、並ぶ文字が濃い。

「5分間で粉末にします！」

これが〝男の力〟何より倍増一番!!　マカ入り

なまこ＋赤まむし」

おじさん＝すっぽん、なまこ、赤まむし。カラ元気が出る。

「洋服の青山」。吊しのジャケット、スーツ、安売りワイシャツの山。「カフェドカナール」。店内暗めの喫茶店がむかしなつかしい。通路を進むと金券ショップ、安売りチケット屋が場末感を盛り上げる。ショーケースごしに金券関係のブツを物色しているおじさん群は平均年齢推定五十六歳。みな真剣な眼つきで金券と対峙している。
一階を流していると、ひとりのおじさん店主の佇まいが目を引いた。後頭部にちょこんとシマ模様のニットキャップ、あたりの空気になじみきった様子に年季が漂う。あわてて看板に目を走らせる。
「スピード印刷の活版小僧
活版小僧！　戦後すぐ、焼け野原に立ち上げた印刷屋がいぜん気を吐いているということか。パチンコ屋。化粧品屋。靴屋。メガネ屋。ジュエリーショップ。酒屋。立ち食いそば屋。てんでんばらばらなのに、渾然一体としたまとまり感がある。通路をぶらつくおじさんたちも解放されて、無防備な顔つきだ。

×月×日　気温三十一度
今日は銀座で便箋や封筒を買い足す用事がある。ふと閃《ひらめ》いた。銀座と新橋は目と鼻の先。小一時間早く家を出て新橋に寄って搾りたてのジュースを飲もう。
烏森口を出て、あらためて「ニュー新橋ビル」の外観をじっくり眺めた。微妙にカーヴした巨大な船体みたい。白い網目で覆ったような外壁の意匠はじつに手が込んでいて、下から見上げると波状にうねっている。こんなモダンなデザインだったのか。感嘆しながら、こんどは東京名物の宝くじ売り場に視線を移す。白昼炎天下、堂々と見得を切っている。
「大当たりの名所」

当店より3億円長者　御9人様御誕生！
ジャンボ1等　当店より156本続出
ここは宝くじのパワースポットなのだ。気のせいか霊験が渦巻いているように見える。暑さをものともせず行列十一人、みんなおじさん。
さて、いよいよジューススタンド「オザワフルーツ」である。

野菜ジュース
にんじんジュース　400円
アロエジュース　400円
セロリジュース　400円
ケールジュース　400円
だいこんジュース　400円
パセリジュース　400円
あしたばジュース　400円
小松菜ジュース　400円
モロヘイヤジュース　400円
ゴーヤジュース　400円
ブロッコリジュース　400円

生姜ジュース　４００円
春菊ジュース　４００円
しそジュース　４００円
ミックス野菜ジュース（にんじん・セロリ・小松菜）　４５０円
グリーンミックス（パセリ・セロリ・小松菜）　５５０円
トマトジュース　４００円

ミックス以外は四百円均一の新橋値段がいじらしい。脱帽するのは種類の多さだ。壁面の大冷蔵庫にぎっしり野菜が収納されているのだが、これだけの注文に即座に応えられるところは驚異である。なにしろ野菜は新鮮さが命、メニューの種類の多さが鮮度のよさ、管理や仕入れのきめこまかさを語っている。

野菜ジュース部門と双璧をなす一大ジャンル、フルーツジュース部門のメニューに目を移す。いちご、マンゴ、キウイ、ブルーベリー、パパイヤ、パイン、アボカド、二百五十円均一。ちゃんと「生搾り」ジャンルもある。りんご、オレンジ、グレープフルーツ、シトラスミックス、ぜんぶ四百円。フルーツジュースのラインナップのなかにムラサキ芋ジュース二百五十円、かぼちゃジュース三百円が紛れこんでいるのには疑問が残る。「バナナジュース」と「健康バナナジュース」の違いも気になるけれど、まあいい。なんでもいいから早く飲みたい。

「生姜ジュースください」

「氷入れますか」

「じゃあ少しだけ入れてください」

メガネのおじさんがすぐさまジューサーに入れたのは、りんご、パセリ、生姜、レモン。穴に入れて木の棒でぐいぐい押してスイッチオン。ガーッ。大音響が狭い店内にこだまする。

「ハイどうぞ」

紙コップになみなみ、生姜の香りが鼻をくすぐる。百円玉四枚と交換して、ひと口。すーっとさわやか。ほどのいい苦みも好みの味だ。気がついたらごくごく、ごくごく、あっという間に飲み干してしまった。途中で入ってきたおじさんの注文は「ブロッコリジュースちょうだい」。週刊誌か夕刊紙あたりでブロッコリブームを知ったに違いなく、こわごわ口をつけている横顔がかわいい。

「あのう、もう一杯飲みたいのですが、おすすめはありますか」

もう一杯べつのを試してみたくなった。

「しそジュースなんかいかがですか。しそが十枚も入ってますし、セロリも入ります」

「それください」

ふたたび百円玉四枚とジュースを交換したところで思いついた。新橋の空を眺めながら飲もう。

このビルの四階は外に出られる。ずいぶん前、友だちが教えてくれた。「ちょっと屋上っぽくて、あそこなごむのよ」。東京の秘境には、隠れたファンが意外に多い。

しそジュース片手にエスカレーターに乗って四階まで上がり、扉を押して外に出る。熱気がもわっと押し寄せるが、頭上いちめん真夏の青空、入道雲。四階の高さが地上の熱波を忘れさせてくれる。しそジュースをきゅーっ。しその香りが口中いっぱい、セロリ、りんご、レモンとぴったり合って初体験の軽やかさ。しその意外なこくが、あと味をぐっと引き締めてすてきな味だ。眼下には新橋駅のホームが見える。一日の乗降客八十万人、電車が入ってくるたびアナウンスが忙しい。しそジュースを飲み干すあいだの二、三分、たっぷりと新橋の夏を浴びた。

×月×日　気温二十九度

「ニュー新橋ビル」がしきりに手招きするので、品川から東京経由で帰るはずなのに新橋で途中下車してしまった。灯点《ひとも》しごろ、おじさんの聖地に巡礼である。

エスカレーターで地下一階に下りると、そこは居酒屋天国である。詰めも詰めたり約八十店舗。間隙《かんげき》を縫ってゲームセンターまである。

「ニュー新橋ビル」は、じつは戦後の復興のシンボルでもある。敗戦ののち昭和二十年九月、この周辺に闇市が現れた。誰もが生きていかねばならない、そのための商い。最初はござを敷いて売りものを並べる露天商の一大マーケット、そして翌年八月、二階建ての「新生マーケット」が誕生するとまたたく間に商店の密集地帯と化した。米、味噌、おにぎり、果物、おでんなどの食べもの屋から靴や洋服、ありとあらゆる日用品の店がひしめいた。一転、新しいビルに衣替えしたのは昭和四十六年。地下四階・地上十一階、現在の堂々たるビルが登場して平成の今日まで時代の波をくぐり抜けてきた。四階には碁会所や雀荘もある。床屋も法律事務所も歯医者もある。十・十一階の上層階には住居もある。どっこい「おやじビル」は健在だ。

夕刻五時五十分、ちょっと早いかなと思いながら地下一階に降りると、おみそれしました。暖簾の向こうにちゃんとビール片手のおじさん群が生息している。「あそこはうまい」と聞きこんでいた牛かつ「おか田」はシャッターが降りている。揚げもの気分から軌道修正がうまくゆかず、「串かしく」に吸い寄せられた。ここにはどうも「吸引力」という魔物が生息している気がする。

おすすめ

牛もつ煮込み　400円
牛すじ煮込み　400円
鶏から揚げ　450円
串揚げセット（牛・海老・イカ・玉葱・うずら）　600円
冷や奴　250円
冷やしトマト　250円
タコキムチ　350円
枝豆　350円
オニオンスライス　350円

ジュースも串揚げも、新橋料金の基本は四百円とみた。壁の品書きには、牛、若鶏、海老、タコ、レンコン、アスパラ（以上各百五十円）、ソーセージ、キス、チーズ、豚、うずら、青唐、イカ、ポテト、玉葱、さつまいも、長葱、ピーマン（以上各百三十円）。奇を衒ったところのない、敷居と値段設定の低さ。生ビールは四百円。つまり、串揚げ四、五本食べて飲んで、千円でお釣りがくるセンベロの世界だ。

大阪の串揚げ屋とおなじ、ぐるりとカウンターを囲んで座るスタイルで、テーブル席ではすでにサラリーマン五人組が盛り上がっている。有線のBGM「川の流れのように」に手招きされてカウンターに座り、新参者らしく「串揚げセット」を注文する。お通しは生キャベツ。で、食べました。平らげました。目の前で順番に揚げてくれる熱々の、衣のこまかい串揚げ五本。揚げたてを目の前に置いてくれるから、間髪容れずソースに浸してあちちと味わう。味は可もなく不可もなく、特別な感想はありません。でも、串揚げセットと生ビール一杯、きっちり千円札一枚というところに愛がある。

帰りがけ、気さくなご店主に聞いてみた。

「地下一階は入れ替わりが多いんですか。シャッターが降りている店もちらほらあります」

「うちは開店十六年で長いんですが、交代が激しい一角もあります。長い店、しじゅう替わっている店、極端ですねえ」

新陳代謝が盛んというべきか、生存競争がきびしいというべきか。白ワイシャツの袖をまくったおじさん五人の会話は、最終的にぐちに戻っている。

「あいつは頭いいからさ、言ってることが小むずかしいんだよな」

「気にいらねえのはさ、ひとの言葉尻をつかまえんだよな」

「やだね頭いいやつは」

通路へ出ると、まだ六時半だというのにおじさんふたり組のヨッパライが肩を組んで登場。芝居でもなかなかこうはいかないというくらい、それはみごとな千鳥足だった。

×月×日　気温三十度

午後四時、編集担当Tさんと待ち合わせ。「ニュー新橋ビル」をちょこちょこのぞいていると電話で話すと、「えっ」。なんでも十数年前、新橋にあるべつの会社に勤めていた時分に重宝していたという。昼めしを逃しても、あそこなら絶対どこか開いてるからずいぶん助けてもらいました。そう言い、なつかしそうな声を出した。

待ち合わせ場所は地下一階の喫茶店「フジ」。いかにも改装したて、ガラス張りの広々とした明るい店内だが、うっすらと昭和の空気が漂う。煌々《こうこう》と光る天井のライト。背つきの布張り椅子。中央の壁には店名にちなんで「富士山」の写真がバックライトで照らし出され、後光が射している。壁二カ所に掛かる薄い液晶テレビは、相撲や高校野球の中継シーズンには最高のサービスだろう。

「いやあ久しぶりに来るとなごみます」

それはあなたが「ニュー新橋ビル」とおない年だからでしょう。「スナックセット」のなかからTさんが選んだ一品もシブい。

焼きそばスパゲッティ（コーヒー又は紅茶付き）　850円

ナポリタン、ミートソース、海老ピラフ、ビーフカレー、チキンライス、ホットサンド、ホットケーキ……ドリームチームのようななつかしの喫茶店メニューのラインナップからぴたり、Tさんは正体不明の焼きそばスパゲッティを指定した。

で、運ばれてきました。「うまい、うまい」。Tさんは夢中で食べ切った。いってみればソース風味のスパゲッティ。中身はキャベツ、ハム。添えたかつお節、紅しょうが、マヨネーズがワカッテマスネ。

「麺がスパゲッティだからさっぱりしてて、スルスルいけちゃいます。ナポリタンのケチャップがソースに混ぜてあるところも絶妙だなー」

賞賛の嵐である。ひと口分けてもらうと、お祭りの屋台の味がした。

そばをウエイトレスのお姉さんが通り過ぎてゆくとき、お盆の上にまっ赤な物体があった。まさか、あれは……。

夏限定
冷麦　６００円
すいか　４５０円
かき氷　黒蜜きなこ　６００円
かき氷　いちご　５００円
かき氷　メロン　５００円

正しい日本の夏がここにある。冷麦とすいかまで揃える喫茶店を、わたしはほかに知らない。ネクタイをゆるめたおじさんはちょっと照れながら、でもうれしそうに塩を振りかけ、すいかにかぶりついた。連れのおじさん推定年齢六十一歳はアイスコーヒー片手に、それをにこにこ見守っている。おじさんの同志愛に胸打たれた。

×月×日　気温三十三度

午後五時四十五分、Tさんとの約束の時間より少し早く着いたから、迷わずイッパイ、今日もジューススタンドに直行だ。一階にあるもう一軒、「ベジタリアン」はおばさんふたりが店に立つ。うるさいほど壁面に貼りつけた野菜や果物の効能書きがヘルシー気分を煽り立ててくる。

メニューのなかの一行に興奮する。

野菜だけの強力ジュース　ハード生野菜　700円

愛情一本、おじさんを奮い立たせるエネルギー注入の一杯だ。まずラズベリージュースを飲み干したあと（ミキサーのなかの鮮烈なルビー色に悩殺され、がまんできず注文）、恒例の二杯めはハード生野菜でいく。

ガーッ。ジューサーにどんどん野菜が押しこまれていき、たちまち濃いグリーンのイッパイの完成だ。百円玉七つとジュースを交換して、さっそくごくり。うーん、これも好き。さわやかな、しかし腰の据わった苦みに脳が活性化され全細胞が叩き起こされる。あの、なにが入ってるんですかこれ。

「にんじん、セロリ、あしたば、キャベツ、春菊、パセリ、だいこん、生姜……もういろいろよ。水は一滴も入ってないわよ。ぜーんぶ野菜」

新橋のおじさんはこんな贅沢を知っているのかと思うと、うらやましい。

さて、本日のメインイベントは二階探訪である。五年ほど前から二階にはぞくぞくと中国系のマッサージ店が増えて、いまや全二十三店舗。二階の通路を歩くだけで客引きがうるさくて閉口するのだが、今日はTさんとそれぞれべつのマッサージ店に入って「おじさん体験」にいそしもうという目論《もくろ》みである。

二階に上がって通路を歩き出すと、さっそく右から左から呼びこみの声がかかる。退屈そうに携帯電話をいじっていたのに、人影に弾かれて「イラッシャイ、キキマスヨー」「ドウデスカ、マッサージ」「サンジュップンニセンエン」……みんな中国なまりである。

白衣を着た男性やオネエサンふたりがわらわらと出てきて「イカガデスカー」と包囲され、まずTさんが降参した。「行ってきます」。覚悟のせりふを残して店に消えたので、ひとりで歩きはじめると丸顔の女性と視線が合い、「マッサージ、イカガデスカ」。店内をのぞくと、タオルがきちんと畳んで揃えてあり、明るくて清潔そうだ。よし、ここに決めた。

全身マッサージコース
30分　3000円
40分　4000円
60分　6000円

十分につき千円の見当なんですね。初回は千円引きだというので、六十分六千円のコースを選んだ。「足裏反射療法コース」も二十分二千円、おなじ料金体系だ。これが二階の基本料金の相場とみた。あとは実力勝負。マッサージは、実際に体験しないと安いのか高いのかわからない。

結論から言おう。大変巧《うま》かった。うつぶせになって、首、肩、背中、脚。それぞれのパーツを骨や筋肉に沿って、的確にほぐしてゆく。途中でするどい診断も下された。

「表面はやわらかいけど、なかはすごく凝ってて硬いですね」

ご明察。そうなんです、そうなんですとうなずきながら聞くと、ここでマッサージの仕事をして十二年。日本で大連出身の夫と結婚して子どもも生まれたが、平成二十三年三月十一日の東日本大震災のあと、夫と四歳の子どもは大連に戻ったのだという。すごいなあ、女手ひとつで家族を支えている。わたしも中国東北部を旅したことがあるというと、「大連の氷祭りはほんとにきれい」。親身な会話に、凝りはさらにほぐれるのだった。足裏マッサージを少し追加してもらって、八十分八千円。ふたたび靴に履き替えると、ひと回り足が小さくなっていた。

店の名前だけで選んだ地下一階の居酒屋「ニューニコニコ」で、Tさんと落ち合った。

「こっちのマッサージはすばらしかった。おじさん仕様でかなり力強かったけれど」

「……ぼくは惨敗です」

話はこうである。着替えてうつぶせになると、台湾で屋台でもやっていそうなおばちゃんが耳もとで「ハジメマシテ、ヨロシクオネガイシマース」と囁《ささや》き、四十五分コースが開始した。「でも力まかせなんです。『チカラハドウデスカ〜』と聞いてくるので『もう少し弱く』と言ったら、反応が鈍い。どうやら日本語が通じてない」

四十五分後、おばちゃんはふたたび耳もとで囁いた。

「延長ドウデスカー、延長」

面倒になって「じゃ五分だけ」と弱気に答えてしまい、会計は四十五分コース+延長五分で五千円のはずなのに、なぜか「ヨンセンエンデス」。いやあ異空間だったなあ、しきりに首をひねるのだった。

居酒屋「ニューニコニコ」も異空間ではあった。注文したたにら玉子とじ、しらすおろし、ポテトサラダ、牛もつ煮込み、みごとにぼやけた味で箸が進まない。推定平均年齢六十一歳のおじさん六人組がなかよく盛り上がっているが「保安院は不安院だな」をもう五回も繰りかえしているところを見ると、お開きも近い様子。わたしたちも早々に退散だ。〆て二千七百四十円也。

つぎの一手に起死回生を賭けた。地下一階の洋酒酒場「三番館」である。さっき「ニューニコニコ」に行く途中に見つけて気になっていた。地下の角にひっそりとあり、しかし足を踏み入れると年季の入った落ち着いた空気が漂う。

「いらっしゃいませ」

老婦人がゆったりと迎えてくれて、ほっとくつろぐ。Tさんはギネス、わたしはポーランドのズブロッカ。注文すると、あらかじめ凍らせたショットグラスにひえひえのズブロッカをとろり。すばらしい。この場所に店を構えて半世紀近く、客はわたしたちだけだが、歳月が育んできたひとの気配に包まれて居心地がとてもいい。浮き世を忘れさせてくれる懐の深さに感謝がつのる。年代もののアメリカ製レジスター越し、老婦人店主の「おやすみなさい」の声に見送られて外に出ると、星空がうつくしい。きっとまた来よう。いい店に出会えてよかった。言いながら右と左に分かれ、つつがなく夏休みプランを終えた。

×月×日　気温三十三度

食べておきたい定食がある。創業明治十八年、一階のどまんなかで店を張る現在四代目のスタンド洋食「むさしや」。いつ通りかかっても行列で、新橋の洋食の親分といえばここ。腰が引ける大盛りのナポリタンも名物だが、定食は不朽の名作と評判が高い。

オムライス　７００円
ハンバーグ丼　７００円
ドライカレー　６５０円
チキンライス　６５０円

午後一時半。珍しく待たずに入ると、右のおじさんはハンバーグ丼、左のおじさんはナポリタンと格闘中。わたしはオムライスを頼むと、わずか三分の早業で「ハイどうぞ」。カウンターごしに大皿を受け取ると、どかんとオムライス、もっこりとスパゲッティのケチャップ炒め、山盛りのせん切りキャベツ。こんなに食べられるだろうかと不安を抱えつつ、バターの風味、濃厚なデミグラスソースの香りに背中を押され、どうにかやっつけたが、暴挙だった気もする。

食後、もはややみつきの「ベジタリアン」に寄ってフレッシュな桃ジュースをごくごく。オープンから四十年、建て替えの噂も聞くから「新橋おやじビル」によけい愛着をかきたて

どびん
扇里
瑞藻
田はら

られる。ここには終戦直後の闇市のにぎわい、バラック建ての不屈の精神が宿っている。飲食店は現在百五店舗。居酒屋にもマッサージ屋にもジューススタンドにも、ここには地を這《は》ってでも生き抜いてきた日本人のエネルギーがある。

ホットケーキとパンケーキ

ホットケーキ、その響きを耳にすると泣きたいような、甘酸っぱいような気持ちになる。『ちびくろサンボ』を繰りかえし読んだ、四歳か五歳のころを思い出して。

トラ模様のホットケーキが食べてみたかった。ヤシの木のまわりをぐるぐる駆け回っているうち、四匹のトラはついにバターになってしまう。そこへ通りかかったジャンボパパがバターを壺に入れて持ち帰ると、こんどはジャンボママが粉と卵とミルクと砂糖を混ぜて焼いてくれる。熱々のホットケーキにのせたトラのバターが溶けてとろーり。おいしそうなのに、ホットケーキのなかからトラが現れて暴れやしないか怖くて、息を詰めて本の端をぎゅっと握った。もちろん母がときおり焼いてくれるホットケーキはとびきりのおやつだったし、デパートの大食堂で食べさせてもらったときの興奮はいまでも忘れられない。『ちびくろサンボ』のトラ模様の味とない交ぜになり、幸福感でいっぱいになるのだ。

さて、わたしにとって憧れと郷愁がぎっしり詰まった特別な存在のひとつ、それが「万惣フルーツパーラー」のホットケーキだ。むかしから神田須田町の交差点の角、一階がガラス張りのフルーツ専門店。らせん階段を上がると、中二階にフルーツパーラーがある。こぢんまりとした空間に配置されているテーブルの距離感がとてもいい。ちょこんと座った初老の男性が右手にナイフ、左手にフォークを握ってホットケーキを切り分けていたりすると、この店に来た実感が押し寄せる。もちろんフルーツパフェやフルーツポンチも揃っているけれど、やっぱりホットケーキは食べずにはいられない。

もう八十年あまり、ホットケーキは「万惣フルーツパーラー」の大看板である。友だちと話をしていたとき、おたがいにここのホットケーキこそ名作と呼ぶにふさわしいと意見の一致をみて、喜び合ったことがある。弘化三年（一八四六）創業、水菓子と呼ばれて果物が贅沢品に位置づけられていたころの開店で、明治三十七年、日本で初めてマスクメロンを販売したのも「万惣」。自他ともに認める日本のフルーツ店の名門である。

そのオーラが伝わってくるからだろう、写真入りの華やかなメニューを手にとると、そわそわしてくる。

ホットケーキ　700円
フルーツホットケーキ　900円
万惣フルーツパフェ　1260円
フルーツポンチ　900円
フルーツチョコレートパフェ　1260円
フルーツヨーグルトパフェ　1260円
フルーツオムレツ　1350円

カスタードプリン・ア・ラ・モード　１１５５円
バニラ風味のババロアフルーツ添え　１１５５円
三色ソルベ　フルーツ添え　１２６０円
フレッシュフルーツの盛り合わせ　２１００円
フルーツサラダ　ヨーグルトソース　１２６０円
フルーツサンドイッチ　１２６０円

きら星のごとくメニューが並んで、夢の世界で遊んでいる気分になってくる。フルーツパーラーのメニューは喫茶店のメニューとも違うし、レストランのデザートメニューとも違う。存在自体が絵空事のようだ。

みずから「名物」を名乗るホットケーキは昭和二年からの大看板である。なんでもない丸いかたちだけれど、こまやかな工夫と気遣いがぎっしり。そのすべてを知るひとが、現在顧問を務めるシェフ、萩原和生さんだ。昭和二十三年生まれの萩原さんは帝国ホテルを手はじめにフランス料理のシェフとして働いたのち、昭和五十五年に「万惣フルーツパーラー」入社。以来ずっとフランス料理からパーラーまで目配りしながら手腕をふるってきた大ベテランである。萩原さんが入ったときは、もちろんすでにホットケーキは名物メニューだったが、あるときこんなことがあった。二十五年くらい前の話だ。

「四代目のオーナーに、突然『一週間店を閉めなさい』と言われたんです。『ホットケーキの味がおかしい』、と。でもみんな、意味がさっぱりわからない。もしそうなら原因はなんだろうと思案しているとき、銀座の寿司屋の卵焼きを食べてはっとした。卵だ！　素材の選びかたが、ついなおざりになっていたんですね。あわてておなじ卵を手に入れて、『この卵でホットケーキをつくりたい』と申し出ると、卵をさっと見ただけで『明日から店を開けなさい』。オーナーはちゃんとわかっていたんです。卵を変えたら、香りが違う、パワーが違う。以来、素材には妥協しなくなりました」

正直なもので、卵事件を契機にして客足はさらに伸び、評判も上がった。焼きかたにもこだわる。ホットケーキを焼くのは代々役目を引き継いできたベテランだけ。厨房をのぞくと、奥まったところに厚手の銅板のプレートが置かれているが、これが注文を受けるたび専任者が使うだいじな道具だ。温度を調節しながら、磨いた腕をふるって一枚ずつ丁寧に焼き上げる。

「万惣フルーツパーラー」のホットケーキはとても律儀な風情だ。外側の焼き目はこんがり、かりっ。生地はふわっと力強く立ち上がって、その佇まいには手焼きだけが持つ表情がある。添えられた白いポットには軟らかなバター、そしてメイプルシロップではなく、特製の黒蜜ふうのシロップ。ニッポンのホットケーキである。焼きたての熱々をナイフとフォークでしずしず切り分けると粉と卵の香りが立ち、いつもの幸福感が押し寄せる。

バターが軟らかいのはね。萩原さんがちょっと照れた。

「じつは中学生のとき、憧れていた英語の女性教師の家にみんなで遊びに行ったんです。そのとき帰りに駅前の喫茶店でホットケーキをごちそうになった。でもバターだかマーガリンだ

か、がちがちに硬くてうまく食べられず、恥をかいちゃって。その記憶があるから、バターは壺に入れて室温にして、塗るとすーっと溶けていくようにしたかった」

シロップもたっぷり添えるのが流儀だが、ときどき「メイプルシロップのほうが本式だろう」と言われたりする。それを承知のうえで、萩原さんは「うちのはみつ豆的なシロップ」と表現した。

ホットケーキは「洋食」なのだ。日本にお目見えしたのは明治三十年代ごろ、カレーやとんかつとおなじように新しい味として日本人の味覚に受け容れられていった。粉や卵、牛乳、ベーキングパウダーを混ぜて「パン」(フライパン)で焼く「パンケーキ」はホットケーキと呼ばれて、「洋食」として愛される道をたどったのである。

訊いてみたいことがあった。

「なぜ二枚重ねなんでしょう」

「僕にもわからないんです。でもね、かりっ、しっとり、かりっ、しっとり……重ねることでミルフィーユみたいな層になっている食感が好まれるんじゃないでしょうか。それに、大きいのが一枚より、二枚のほうが贅沢感があります」

そして、こう続けた。

「うちは昭和初期からホットケーキを出していますが、そのとき焼いていたのは和菓子の職人さんらしいんです。だから、どちらかっていうと『どら焼き』に近いんじゃないかと」

そうだったのか。ホットケーキは〝ハイカラなどら焼き〟なのだ。まんまるな二枚重ねは、どら焼きのそれ。洋食でありながら、むかしなつかしいおやつ。だからこそ、日本人の琴線に触れるのだ。あんこではなく、シロップとバター。手づかみではなく、ナイフとフォーク。ハイカラなどら焼き、ホットケーキはわがニッポンのおやつなのだ。

もうひとつ、ユニークな傑作メニューがある。粉と卵でつくる、フルーツオムレツだ。

「僕が考えたんですけど、これ大変なんです。でもまあ、ひとつぐらいびっくりするメニューがあってもいいんじゃないかと」

よそのテーブルに運ばれてきても、目が釘づけになる。皿いっぱい、高さ十センチに達するかと思われるスフレの小山。その下に季節のフルーツ、アングレーズソース、ラズベリーソース。これは高貴なお姫さまの召し上がりもの。世俗を超えた佇まいと色彩である。でも、食べはじめると霞《かすみ》のように消えてしまう。あらためて考えてみると、ホットケーキ、フルーツホットケーキ、フルーツオムレツ、どれも食べごたえがあるのにすこぶる軽く、もたれることがない。

隠れた名品をもうひとつ、挙げたい。フルーツサンドイッチ、これがまた宝石箱みたい。白いパンの断面にいちごの赤、キウイの緑、パパイヤやパイナップルの黄色……純白のホイップクリームに埋もれて、思わず見入ってしまううつくしさ。やっぱり食べ心地が軽やかで、フルーツのおいしさもとびきり、指でつまんで食べているとお姫さまになった気分を味わう。二十年前の萩原さんの作だが、じつは苦しまぎれに生み出したメニューだった。

「あまりに忙しくて、あらかじめつくっておけるメニューを、という苦肉の策でした。こんなにまねされるとは想像もしなかったけれど、ずっと自慢です。使っているのは最上級のホイップクリームだし、隠し味はブランデー。断面の色彩のうつくしさを出すために、フルーツの配列にも気を遣う。水分が出やすい柑橘《かんきつ》類は使わない、色が変わりやすいバナナはクリームのなかに埋める、いろいろ工夫を凝らしています」

銀座あたりのバーの手土産に使うお客さんもいるというから、おじさんもやりますね。

攻めと守りがしなやかに共存しているメニューである。そこには、老舗の名前に寄りかからず、第一線で長く商いを続けてゆくための答えがある——守るべきは、老舗の高級フルーツ店のメニューだという自信。あくまでもフルーツが主役だから、ジュースひとつとっても、フレッシュな持ち味を堪能できるよう濃度をつよく仕上げる。追熟させながら使いどきも見極める。創意工夫の数々は旬のおいしさを生かすためと心得て、フルーツ店の本分を踏みはずさない。現在五代目のオーナーの方針は、「大人が憩える店」「男性客も楽しめる店」。その意向が正しく汲《く》み取られているからこそ、メニューはひとり歩きせず、店の実体と離れることがないのだろう。そこには、長年取引を築いてきた市場や仲買、果物を育てる篤農家への信頼に応えようという気概も読みとれる。

「もともとフルーツパーラーのサービスは、お客さまへのサービスからはじまっているんです。注文の品を詰め合わせるとき時間がかかるから、季節のジュースでもお召し上がりくださ い、という気遣い。神田っ子の自信と誇りでもあったと思います」

もう一軒、日本のフルーツパーラーの系譜に連なる貴重な店が、本郷の東大正門前にある。ほかでもない神田須田町「万惣」で修業したのち、大正三年に外川定次郎が開いた「万定」だ。定次郎は新潟・長岡出身、修業先の「万」、自分の名前の「定」、それぞれ一字ずつとって店名にし、念願のフルーツ店を構えた。その「万定」は平成元年まで続き、すぐ隣で営業していた「万定フルーツパーラー」だけが残る。店を守るのはパーラー部門を預かっていた定次郎の息子、故・甲二さんの妻、喜美恵さん七十八歳だ。名物のカレーライスとハヤシライスの味もそのまま、昭和三年に建てたハイカラな建物も当時のまま。関東大震災後、バラック装飾と呼ばれた建築様式や床のタイル模様は、いまや貴重な文化財でもある。本郷界隈に用事があると、「万定フルーツパーラー」はいまも健在かしら、と気にかかってしょうがない。

そもそも定次郎がこの場所を選んだのは、東大病院の近くという地の利を見こんでのこと。高級品のフルーツは見舞い品として重宝されていたのだ。喜美恵さんは当時の逸話をこう聞いている。

「当時、義父はのちの千疋屋さんやタカノさんといっしょに『十人会』というフルーツを扱う店の組織に入っていて、いっしょに新宿にこないかと誘われたらしいんです。でも、新宿はタヌキがうじゃうじゃいるからいやだって断っちゃった(笑)」

店の奥にフルーツパーラーができたのは大正時代のようである。

「お待ちのお客さまにすいかを切ったり柿をむいてお出しして、パーラーがはじまったようです。それからだんだんコーヒーやサンドイッチ、ホットドッグ、ホットケーキを出すようになりまして、近所の東大の先生方が集まる場所にもなって。このへんは喫茶店もありませんでしたから」
学生のお客が増えはじめたのは昭和三十年代の終わりごろ。そこで甲二さんが一計を案じ、若いひとのためにボリュームのあるカレーやハヤシライスを出しはじめた。どちらも料理好きの腕をふるって工夫のすえ完成させた味。カレーは独特の苦みが利いていてやみつきになる。つくりかたも手間ひまをかけ、小麦粉をじっくり焦がしながら炒めてルーをつくり、そこにペースト状にした野菜や薬味をくわえて煮こむ独自のレシピを編み出した。ハヤシライスはまとめて寸胴鍋に仕込み、売れたぶんだけ足してこくを出すのだが、いまでも喜美恵さんがおなじスタイルを引き継いでいる。通い慣れた東大生にとって、忘れることのできない青春の味。この二十年ほど値上げもしていない。

クリームソーダ　４００円
コーヒーフロート　４００円
トマト・ヤサイ　３００円
コーラー・ソーダ水　３００円
アイスティー　４００円
ミルクコーヒー　３００円
紅茶　３００円

レモンスカッシュ　４００円
バナナジュース　３００円
グレープフルーツジュース　３００円
オレンヂジュース　３５０円
ハヤシスパゲッテイ　９００円
カレースパゲッテイ　８００円
ハヤシライス　８５０円
カレーライス　７５０円

いまどきコーヒーがわずか三百円。申し訳ない安さなのだが、喜美恵さんは「九十年もやってるのに大きくもならないし、潰れもしないのは珍しいねってお客さまによく笑われます」と屈託がない。現在のカウンターやガラス壁に一部改装したのは東京オリンピックの年なのだから、存在そのものが時代の生き証人だ。東大紛争のまっただなかでも先生と学生の両方に愛されてきた。

「毎日のように、『久しぶりに来ました』と、お客さまがいらっしゃいます。先日は『一高時代の最後の卒業生です』とおっしゃる九十五歳の方がいらしてくださって。十年ぶりはまだ新しいほうで、三十年とか四十年ぶりとおっしゃる方が『やあ変わらないね』って」

出入り口の場所に黒光りするレジスターがでんと鎮座している。昭和九年、「新しがり」だった定次郎が家一軒ぶんの値段にあたる千円で購入した、いわくつきの財産。ハンドルつきで堂々たる重厚感、プレートを確かめると「北米合衆国オハヨー州」と書いてある。喜美恵さんが慣れた手つきでレジを打つと、ガチャン、ガチャン、キレのいい音があたりに響いて現役感いっぱい。けれども、喜美恵さんはきっぱり決めている。

「店は私の代でおしまい。いまは十一時に開けて三時にはもう閉めますんですよ」

ホットケーキの世界が広がったのは、高校生のときだった。スヌーピーの漫画を読んでいると、チャーリー・ブラウンやルーシーがはしゃいでいる。

「わーい、おやつはパンケーキだ！」

そこに描いてあるのはよく知っているあのホットケーキだったから、びっくりした。パンケーキってなに？　ホットケーキのことをパンケーキっていうの？　アメリカの文通相手へ送る手紙のかっこうの話題だ。そしてペンシルヴァニア州在住の高校生、シンディ・マジェスキーから戻ってきた返事には「パンケーキは朝食によく食べます」と書いてあった。へえ。さんざん思案して、ホットケーキはおやつ、パンケーキは食事にも食べるらしいという結論に達したが、やっぱりわからなかった――パンケーキってどんな味なんだろう。

東京・青山の骨董通りにパンケーキの店「ＡＰＯＣ」がある。店主は大川雅子さん。お菓子教室を主宰する研究家であり、おなじ青山の岡本太郎記念館の一角にあるカフェ「ａ　Ｐｉｅｃｅ　ｏｆ　Ｃａｋｅ」オーナーでもある。「ａ　Ｐｉｅｃｅ　ｏｆ　Ｃａｋｅ」を開店してちょうど十年め、大川さんはもう一歩あらたに道を踏み出したいとこころを決めて二軒めの店をオープンした。それがパンケーキの店なのだった。

メニューはふたつだけ。

A　バターミルクパンケーキ　（ホイップクリーム＋レモン or 無添加ベーコン）
＋コーヒー or 紅茶　１５００円

B　バターミルクパンケーキ（ホイップクリーム＋クランベリープレザーブ or 無添加ベーコンと放牧卵の目玉焼き）
＋グラノラ（本日のフルーツ・ヨーグルト）
＋オレンジジュース
＋コーヒー or 紅茶　２４００円

有機農法ビール　７００円
グラスワイン　５００円
おかわりパンケーキ（1枚）　５００円
おかわりコーヒー　６００円

青山・骨董通りのどまんなかで、メニューはパンケーキひとつだけ。そもそも大川さんのパンケーキは「黄金比率」と呼ばれて定評があるけれど、教室では長年おなじレシピを教えたことがないというくらい引き出しが多い。「a Piece of Cake」にしても、パンケーキにくわえて、ダークフルーツケーキ、レモンコーンミールケーキ、ガトー・オー・ショコラ、チーズケーキは五種類を出す充実ぶりだ。なのに、新しい店ではパンケーキ一種類だけ。ぜんぶ削ぎ落として、パンケーキひとつで勝負しようという心意気に感じ入ってしまう。

ところで、家庭で手軽につくるときのパンケーキは、粉、卵、牛乳、ベーキングパウダーなどを混ぜて生地をつくる。ひとによってはヨーグルトをくわえてふわっとさせたり、溶かしバターを混ぜこんでしっとりさせたり、これといった約束ごとはない。食べかたも好きなように。ホットケーキはバターやシロップを添える甘い味がお決まりだけれど、パンケーキならハムやベーコンの塩味、ホイップクリームやジャムの甘い味、フルーツの酸味、なんでも合う。スープやシチューもぴったりくるサイドメニューだ。つまり、パンとおなじように主食の位置にある食べもの、それがパンケーキなのだ。

「シンプルにも、複雑な味にもできる。パンケーキには食事としての広がりがあって、まずそこが大きな魅力です」

大川さんがパンケーキの存在に触発されたのは、アメリカやハワイに遊びに行くようになった九〇年代。主食としての魅力を発見しただけでなく、ちゃちゃっと簡単に材料を混ぜて焼く、そのおおらかな様子に惚れこんだ。ごく当たり前の日常茶飯としての親しいお菓子をつくりたいという気持ちがふくらんでゆき、まず最初に提案したのが、オリジナルのケーキミックス「クイックミックス」。

「フライパンさえあればパンケーキが焼ける。生地にバターを足せばケーキやマフィンになる。粉を足してオーヴンで焼けばクッキー……少し手をくわえるだけでまったく違うお菓子ができる。わたし自身、パンケーキと出合ってすごく自由になったのです。そもそも生地というのは、実体のないところからなにかをつくり出すものだから」

パンケーキはすべてのお菓子の出発点。粉と卵と牛乳さえあれば、冷蔵庫のなかにあるもので、誰にでもさっと手軽につくれる。名前こそ違っても、ヨーロッパにもロシアにも北欧にもパンケーキはある。どこの国でも、パンケーキは誰もがほっとする食べものなのだ。

もちろん大川さんが焼くパンケーキも、こころを開く味わいだ。試行錯誤を重ねてつくった粉のひとつ、「バターミルク」の配合は小麦粉、国内産のホエイ（乳清）パウダー、ショートニング、メイプルシュガー、ベーキングパウダー、海塩。注文を受けるたびに一枚ずつ焼くのは大川さん自身。ほかのひとにはまかせせない。

「レードルで生地をすくって、あらかじめ二百度くらいに熱した天板に注ぐと、自然に丸く広がります。ぜんたいに穴がふつふつと広がってサインを出してくれるから、その瞬間に表裏を返す。ただし穴をじっと見つめちゃだめ。火が通りすぎてしまう。でもあわてないで、ゆっくり返せばだいじょうぶ。パンケーキって、一枚入魂で焼くんじゃなくて、何枚も焼くものだからあまり神経質にならずに焼けばそれでいいの」

家庭で焼くときは、フライパンを熱くしすぎないのがコツですよ、と大川さん。フッ素樹脂加工のフライパンなら、濡れ布巾の上に置いてジュッと冷ます必要はない。あれは鉄のフライパンや鋳物のスキレットを使うときだけ……大川さんの説明を聞いていると、勇気づけられる。パンケーキはおおらかにやっていいんだな。おおらかさがパンケーキの味をつくるんだな。ハムをはさんだり、チーズを入れたり、オリーブオイルをかけてもいいし、バナナやクランベリーを生地に混ぜこんで焼いてもいい。「APOC」で売っている粉には、味わいのふかい雑穀入りや、ぷちぷちした食感のコーンミール入りもある。

聞いてみたくなった。

「ちょっと恥ずかしいのだけれど、わたし、横着をして大きなフライパンに生地をいちどきに流しこんで焼いて、それを適当に切り分けることもよくあって」

すると、大川さんはふわっと笑って言った。

「いいの、いいの、それだってパンケーキのおいしさのひとつだから」

家庭では失敗もおおざっぱ加減も味のうち。しかし、店ではそうはいかない。長年焼き続けてきたプロなのに、いまだに毎日どきどきしながら焼いているという。

「パンケーキはいちばん自信があるものだけれど、いちばん緊張するものでもあるんです。自分にとってぜんぶの基本。だから、メニューをパンケーキだけに絞るのも迷いはなかった。パンケーキはデリケートで、生地のコンディションや熱のタイミングに大きく左右されてしまう」

粉は生きもの。そこがおもしろい。

「ふらりと入っていらしたお客さまにも、自分の伝えたい味をきちんと渡したい。いまはそのことに集中したいと思っています」

やわらかいけれど、強い言葉だ。だから大川さんの焼くパンケーキには、パンケーキ本来のおおらかな魅力があるのだろう。食べていると心配ごとなんか吹き飛んでしまう。

帰りぎわ、大川さんが「あ、そういえば思い出した」。

「父方の叔父はむかし、広尾の商店街で甘味屋をやっていたの。母方の叔父さんはね、新宿の『タカノフルーツパーラー』の高野さんと親友なんですよ」

え？　きょとんとしてしまった。パンケーキとホットケーキはつながっていた。「タカノフルーツパーラー」もまた、かつて「万惣フルーツパーラー」や「万定フルーツパーラー」とおなじ「十人会」のメンバーだったのだから。ホットケーキとパンケーキが時代を超えて不思議な輪を描いていた――。考えてみると、『ちびくろサンボ』の四匹のトラたちも、ヤシの木のまわりを輪になってぐるぐる、ぐるぐる、そしてトラ模様の香ばしいホットケーキになったのだった。ジャンボパパが壺にバターを詰めて持ち帰った夜、ジャンボパパが平らげたのは五十五枚。ジャンボママは二十七枚。サンボは百六十九枚！


［追記］二〇一二年三月、東京都の耐震化施策による「万惣ビル」閉店に伴い、全店舗が閉店に至った。その後、ホットケーキをはじめ「万惣フルーツパーラー」の味は赤坂「Ｆｒｕ-Ｆｕｌｌ」などに継承され、味わうことができる。

豚まんが愛される理由

夜七時過ぎ、大阪から東京へ戻る新幹線に乗りこんだときのことだ。座席に落ち着き、車窓の景色の流れが加速しはじめたころ、なんの気なしに座席の上の棚に視線を移して、「ええっ」となった。右の棚にも左の棚にも四つか五つずつ、申し合わせたようにおなじ紙袋がずらりと並んでいる。白い紙袋に極太の赤い字。

「551 HORAI」

人気の大阪土産だとはいえ、おなじ車両に乗り合わせた乗客が申し合わせたように買っているとは。このわたしも、ついさっき新大阪駅構内の店でおなじ豚まん六個を買ったばかりだ。大阪に行った帰り、この豚まんを買って帰るようになってずいぶん経つ。今回は手ぶらで帰ろうと思っても、ついふらふら〜と寄ってしまい、手に紙袋をぶら下げてしまうのだ。翌朝、白い湯気の立つ蒸籠《せいろ》で蒸し上げ、ほかほかにかぶりつくと、この味だよなあゴーゴーイチ。もし目隠しして二十個の豚まんをひと口ずつ食べて当てろといわれても、間違えない自信がある。それくらい個性にあふれた、しかし食べ飽きない庶民的なおいしさは、ほかに似た味がない。辛子も醤油もいらない。口いっぱいに広がるほんのりとした甘みを感じながらかぶりつくと、いつだって子どもみたいに満足感に浸る。

頭上の棚から、例の匂いがぷーんと香ってくる。もうじき車両がこの匂いで占拠される事態を想像したら、また笑いが出た。

昭和二十年創業、「551蓬莱」。大阪難波《なんば》・戎橋《えびすばし》の本店は、いつ通りかかっても大忙しだ。週末ともなると、地元のお客と観光客が入り混じって列をなし、順番待ちでごった返す。こぞって買ってゆくのは豚まん。焼売《シューマイ》や叉焼まん、肉だんごも売っているけれど、やっぱり豚まんが飛ぶように売れてゆく。この本店だけで一日平均五千個を売り上げ、全店の総販売数は一日十四万個にのぼるというのだから怪物である。

長年ずっと思ってきた。「551蓬莱」の豚まんは、なぜこんなに愛されるのか。庶民的なおいしさだといえばそれまでだが、時代や土地を超えて圧倒的な支持を集めるのには、わけがある。その理由が知りたくて大阪へ向かった。

戎橋筋商店街の四つ角にある本店は、やっぱり今日も大盛況だ。ひっきりなしに訪れるお客の目当てはやっぱり豚まんで、店頭に用意された椅子に座って蒸《ふ》かしたてを頬張っているおばさん、おじさん、ふたり連れ。一個百七十円、熱々の幸福だ。

豚まん　170円
あんまん　140円
叉焼まん　200円
焼売　10個入り　650円

エビ焼売　20個入り　1000円
焼餃子　15個入り　450円
中華ちまき　1個　380円

特別に店のなかに入れてもらい、実演を間近で見せていただくことになった。

「551蓬萊」は、あくまでも店頭であんを包み、つくりたてを蒸籠で蒸すところに特徴がある。生地とあんは工場でつくり、店頭で実演しながら豚まんに仕上げているのだという。この日の実演担当は大ベテランの杉本千恵子さん。昭和四十二年入社以来豚まんひとすじ、一個ずつ目にも留まらぬ速さで仕上げてゆく手つきに年季が光る。豚まんをはじめ、粉に水をくわえて発酵させる生地ものの扱いには、細心の注意が要求される。杉本さんに聞くと、つねに自分の指で触った感覚を頼りに発酵具合を確認しているという。さらには、生地が硬めの段階で包むと、蒸したとき小さく仕上がってしまうので、ほんの少し軟らかめの状態から包みはじめるのが秘訣らしい。熟練した感覚と技術なしには扱うことのできないデリケートな食べもの、それが豚まんなのだ。

皮の生地七十g、あん六十g、合計百三十g。「551蓬萊」の豚まんの黄金比率である。工場から生地が運びこまれると、さっそく杉本さんは一箱ずつ生地を切り分け、手で伸ばしながら細長い棒状にしてゆく。

「おなじ太さにするのがむずかしい。この段階で太さをちゃんと均一にしとかんと、あとで一

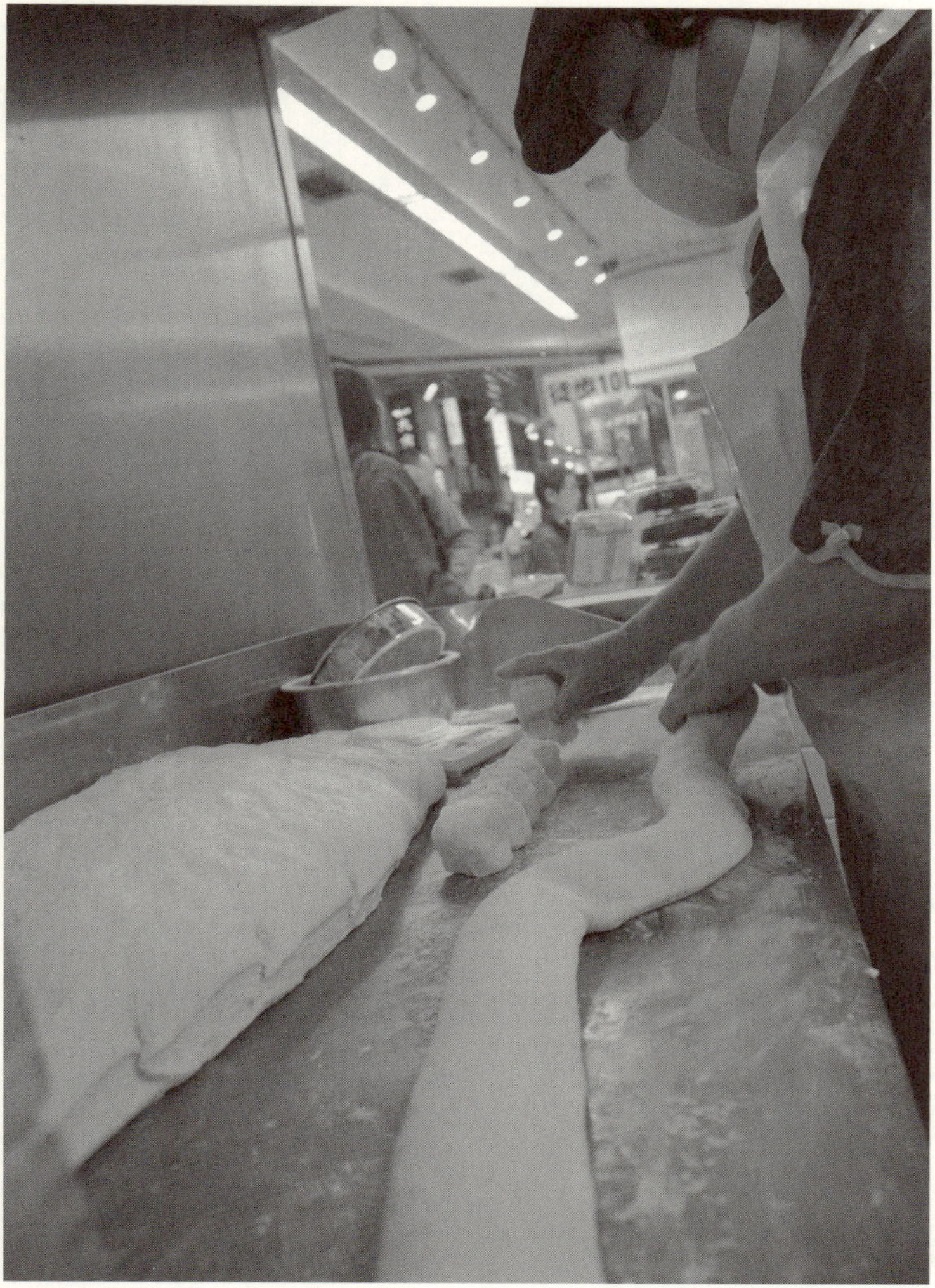

個ずつの大きさが違ってくるから。ねじらないようにせんとあかんしね」

こんどは手でちぎって一個ぶんずつ小分けにするのだが、すでにほどよく発酵している生地からブチッ、ブチッ、抵抗感のある音が立つ。三、四個に一個、かたわらの計量器にのせて重量を確認するのだが、見ていると、七十一g、つぎは七十g、そのつぎも七十g。目分量なのに、計量器の針がみごとにぴたりと70を指す。

「よっしゃ!」

名人の気合いが入る。小分けにしたのち二十分ほど寝かせて熟成させ、いよいよあんを包んで「美人豚まん」(「551」ではこう呼ぶ)を仕上げる。左手に生地をのせ、右手に持ったレンゲであんをすくって生地のまんなかに押し入れるのだが、あんの分量は、(えっ、こんなに?)と驚くほど、たっぷり。どこから食べてもあんがたっぷり入って食べごたえがあるのは、この量を惜しげもなく入れているからなのだ。杉本さんの手つきにも圧倒される。左手の上でくるっ、くるっ、九十度ずつ回転させながら、右手の親指と人差し指で生地の頂点のおなじ場所をつまむ。ひだは、つねに十二〜十三本。

「親指を軸にして、頂点のおなじ場所をおなじ幅で十二回ひねって、十三回めで止める。こないだの日曜は三時間で六百個売れたしね、早く包めるいうのがだいじやね。途中で何年か休んだことがあるんやけど、復帰したら自分の手がちゃんと覚えてた。何年やってってもおもしろい。包んでると楽しいわ」

しかし、ただ包んでいるだけではない。ガラス張りの店内から外のお客さんの様子が目に入

551
HORAI
蓬
本店だけの食べ比べ！
551トリオ
¥1,000
豚まん 2コ入
叉焼まん 2コ入
あんまん 2コ入
しゅうまい
エビしゅうまい

る。つまり、売れ行きを把握しながら作業を進める。生地とあんの分量、店頭で自分が包んだ数、いま蒸籠で蒸している数、同時進行で頭に入れながら、店長やスタッフと阿吽の呼吸を取って、司令塔の役割も果たしているのである。

実演のトレーナーも務めている杉本さんにとって、自分のこしらえるものこそ「豚まんの味」だ。

「好きやからね。おいしいからね。入社する前、アルバイトで入ったのが昭和三十九年、それからずっと、よその豚まんを食べようと思ったことがないです。幸せなことです。コンビニの豚まんも食べたことありませんわ。ともかくこのふわあとした食感が好きなんやね」

屈託のない声を聞きながら、そうか、この思いがあるから「美人豚まん」が生まれるのだなあと感じ入った。蒸籠に入れてきっちり二十二分、ガス火で一気に蒸し上げる。ふたを開けた瞬間、首を伸ばしてのぞきこむと、白い湯気のなかからつるつるの艶肌が現れ、風呂上がりのまぶしさ、甘い香りに悩殺された。

じつは、いつも自分の台所で蒸しているので、つくりたて、蒸したてを食べるのは初めてだった。たったいま蒸籠から出したばかりの熱々を掌《てのひら》にのせてもらった。あちち、ほっほ、と掌で転がしながらも、熱を逃すのがもったいない。豚まんは熱さもごちそうだから、半分に割ったりせず、端っこから中心に向かってがぶりといく。

独特のもっちりとしたコシの強い生地が、いつも以上に口のなかで勢いよく跳ねる。元気な生きものがぴょんぴょん飛び跳ねるような嚙み心地。ふかふかの豚まん、肉まんならたくさんあるけれど、これはべつもの。豚肉と玉ねぎのあんはジューシーで、ほのかな甘みのある生地とのバランスがとてもいい。夢中で一個平らげると、「もう一個いけますやろ」と勧められ、二個めがするりとおなかに収まった。こんどは辛子をつけて味わうと、ひと味違うこくが生まれて、ぺろり。ひとによっては、裏側に穴を開け、そこにウスターソースを垂らす食べかたもあるという。元マラソン選手の高橋尚子は立て続けに数個食べたというから、さすがだ。

昭和六十二年からはじめたテレビのCMはすっかり大阪名物である。吉本興業のタレント、なるみといっしょに芸達者ぶりを発揮しているのは本社の田中一昭常務。定番のフレーズ「あるとき～　ないとき～」は大阪人なら誰でも知っている。「551があるとき」は家族みんなにっこり、「ないとき」はがっかり。シンプルで直截《ちょくせつ》なメッセージは、豚まんの親しみやすさを最大限にアピールして印象的だ。

そもそも大阪ならではの味である。中国や台湾では長ねぎやにらなどが入るところを、あえて玉ねぎ。このユニークな組み合わせを考案した人物が、創業者の羅邦強《らほうきょう》である。

その立身出世ぶりは、まさに豚まん一代記。昭和十六年、ひと旗揚げたいと若い夢を抱き、二十六歳の羅邦強は生まれ故郷の台湾・嘉義《カギ》から日本へ渡った。神戸の地で終戦を迎え、戦後の混乱を経験しながら思いついたのは食料品の買い出しを闇市で売りさばく商売だったが、ほどなく大阪ミナミへ出て、三人の仲間とともに食堂をはじめる。開店は昭和二十年十月十五日、名前は「蓬莱食堂」。蓬莱とは、むかし中国で仙人が住むといわれた山のことで、ユートピアまたは桃源郷の意味がある。終戦から二カ月後、ラジオでは歌謡曲の放送が再開され、ミナミの空の下に流れる「リンゴの唄」の明るい声が小さな食堂の船出を祝福した。

当初はバラック同然の店だったけれど、ひと皿十円のカレーライスが大当たりして順調に滑り出し、翌年にはさっそく隣の店を買収。堂々たる食堂に出世し、すぐさまあらたな一手を打とうと賭けに出る。神戸元町で豚饅頭《ぶたまんじゆう》が人気を集めていると噂を聞きつけ、日本人好みにアレンジし、形も大きく仕上げ、親しみやすい「豚まん」の名前で売り出した。たちまち人気をさらい、豚まんと焼売の実演販売をはじめたのは昭和二十七年である。以来六十余年ずっと、おなじ味、おなじ大きさ、おなじかたち。台湾生まれの羅邦強はすっかり浪花《なにわ》の精神を我がものにして、豚まんとがっぷり四つに組む。そこから先も時代の波に乗った。市内各地でテイクアウトの店や中国料理店をことごとく成功させながら、豚まんは着々と大阪のシンボルに育ってゆく。

現在の名前「５５１」が定着したのは昭和四十九年ごろ。当時の電話番号が「64－５５１」だったことから、覚えやすさ、呼びやすさを求めて社長みずから「ゴーゴーイチ」の冠をつけようと思い立つ。ちゃっかり「ココガイチバン」と読んでアピールしたのも、転んでもただでは起きない浪花商人のアイディアである。途中、二度の火災に遭いながらも、「５５１蓬萊」は、毎年着実に十％以上売り上げを伸ばす企業に育っていった。

テレビCMでも役者ぶりを発揮している本社常務、田中一昭さんは昭和四十一年の入社以来「５５１蓬萊」を支えてきた影の大黒柱である。会社と豚まんのすべてを知る田中さんの話は、浪花の番頭さんの名調子だ。

＊

「豚まんは大阪の代名詞ちゃうかな。そう言うてもうたら、いちばんうれしい。創業者の考えは『商売いうのはあんまりむずかしく考えたらいかん』。お客さんの側に立って、してほしいなと思うことを考えて、できることを着実にして差しあげる。それが、誰でもうれしいやろうという発想です。ボリューム、味、価格、形態、すべてにおいてできることを着実に。できへんことを無理にしてコケてしもたら何もなりませんし。できるだけぎょうさんの人に喜んでもらおう、楽しんでもらおう。これ、もう大前提です。

ほんま、手づくりにこだわってます。私も途中でいっぺん『ぜんぶ機械化してください』と進言したことがあるんです。ちょうど高度経済成長期、昭和四十七、八年ですわ。機械化したら商品の均質化は徹底されるし、人手不足も解消する。より効率よく、おなじ品質のものが量産できたら、これに勝ることはない。そうしたら、『いや、あかん』と。しかも、すでに私より早く機械を見に行ったはりますんや。でも、その機械を使ったら、生地の組成を変えないかん。お客さんが支持してくれはったものを変えないかんわけです。あの独特の嚙み味いいますか。あれを崩すのは絶対いかんと。お客さんが望んではることを考えたら、いまの方法がいちばんええねんと。さすがにいまはミキサーで粉と水を混ぜて生地をつくっていますが、創業者のご子息が社長になられても、会社の姿勢は絶対変えてませんね。

ただし、同時に進化させなあかん。うちの豚まんで、よく要望をいただくのが、匂いですわ。匂いが表へ出るから買《こ》うてもすぐばれる、と。いまでこそ市民権ごっつ得て、豚まんも恥ずかしいことも何もないんですけど、いっときは『あ、豚まん買うてきてるわ、この家今日豚まんや』と思われたくないから、買うた豚まんをわざわざべつのバッグのなかへ入れたとか、電車の網棚へ置かはって、二席ぶん離れて座って『私買うたんちゃうよ』という顔をして、でも降りるときにさっと持って降りはるとか、よう言われたもんです。『脱臭剤入れたら匂い減ります』いうたら、『ばかもん』いうて怒られましたけど（笑）。匂いはバレバレやけど、一応おいしさをそそるねんから、それなかったらいかんよと。吸湿性と通気性を持たせて包装資材の工夫をしたり、いろいろ進化はしとんですわね。

やっぱり品質管理ありきやから、冷凍はしません。冷蔵で送れないところにはお届けできません。それでも、むかしと較べて『小さなった』『味が落ちた』いうの、必ずありますね。『お前とこのずっと食べてる。でも味が落ちた、ちっこなった』。『手が大きくなってるんですよ』『お客さまの舌が肥えられた』ってお応えするんですけど（笑）、味も大きさもむかしと変わってません。焼売も、うちのはでかいんです。でも、あの味と大きさやから、とお客さんに支持されてんねんから変えたらいかん。ときどき同業者の方に、『あなたのとこの豚まんに負けん味にしょうと思うたら、そんなにむずかしくない』と言われます。『でも、一個四百円も五百円もついてまう』。つまり、コストをかけたら負けへん味できるかわかれへんけど、毎日あれだけの量と質を保つまねはできへん、ということ。だから競争相手が出ないんです。

僕が会社に入ったとき、豚まん一個の値段は二十五円でしてん。当時、大阪の市バス、市電の初乗り運賃が三十円。いま、大阪市の地下鉄が難波から淀屋橋《よどやばし》まで一区百八十円、豚まん一個百七十円ですわ。うちは大阪難波で生まれて、大阪難波を行き来してくれはる人に育てられてんねんから、ずっと恩返しもせなあかん、大阪市の交通局の初乗り運賃だけは超えんとこな、と。『商売いうのはむずかしく考えたらあかん』と冒頭に言いましたけど、『いっつもお客さんの側になって、自分が食べる身になってつくろう、買う身になって販売しょう』。いまの社長も、創業者の会長がおっしゃったことをほんまに守ったはります。いまの社長は昭和二十二年生まれですわ。初め『跡継ぐのいやや』っておっしゃったらしい。ところが、二度目の火事（昭和三十七年）のとき焼け跡に駆けつけたら、ふだんは家ですごい威厳がある会長、自分の親が肩を落としてしょぼんとしてる姿を見て、『おやじを助けたい』と思って『継ぐ』と。中学三年、二学期の終業式の日だそうです。

不思議なことに、うちの会社はずっと右肩上がりですわ。ほんまにすごいオーナーやな、すごい商品やな、すごいお客さんやな、と思いますね。それはやっぱり『お客さんのために』いうのが大前提にあるから。ナイトレジャーがごっつ大流行した時代は朝十一時から晩十一時まで営業してましてね。一杯飲みに行ったお客さんは、家へ帰るとき豚まん買うて帰ったら嫁さんへの言い訳になる、だから『言い訳豚まん』てなことを言うてました。当時の箱は木折りでしてん。それをうまいこと、ほんまに神業《かみわざ》的な技術で販売員の方が紐《ひも》かけして。豚まん持って帰りはったら、笑いとあったかみがプラスされますもんね。

いや、危機がなかったわけやないんです。平成二年に花博（国際花と緑の博覧会）ってあったんですよ。あのとき人事倒産すんのとちゃうかと。需要はあるけども、供給できる人がおれへん。花博のとき、アルバイトさんの時間給がグッと一気に上がったんですが、それについていこうと思うたら大変やし、売価にはね返すのも絶対だめや。そのときはいまの社長から総務、事務職のもんまでお盆持って手伝いに行きましたもん。いずれにしても、『ライバルはつねに自分自身や』『競争相手は自分や』。

うちの豚まんの味はすごい個性があると思います。豚肉と玉ねぎのあんの味、引きのある噛み味、ほかにありません。年商の四十五%が豚まん、二位の焼売は七%台、叉焼まんは二%もありませんわ。次の商品も開発せなあかんのですが、豚まんが強すぎてつぎが育ってきません。ただ、幅広くせえへんかったいうのがえらいとこかわかりませんね。創業当時は試行錯誤があったようですし、手づくりだったからブレもあったと思うんです。でも、当初から完成度が非常に高かったということやないかと思います。ただ、完成度が高くても売れないやつもあるんです。叉焼まんかてごっつええと思いますねん。でも、豚まんが圧倒的ですわ。

会長は工場へ来るたんびに味のチェックをされてましたね。口ぐせは『叱《しか》りは愛の変形や』。『叱るんと違う、教えてくれてんねや。礼言わなあかん』。台湾生まれの浪花節ですわね。『衆知を集める』いうこともようおっしゃった。人の意見、ちゃんと聞かなあかんと。もちろん結論は自分で出すんやけど、できるだけいろんな話を聞いてから、『これで行くぞ』という決めかた。自分ひとりで『これでないとあかん』と言い切りはりませんわ。言うときはだいぶん人の話聞いてはりますねん。いままでずーっと、そんなふうにしてつくってる豚まんなんですわ」

＊

こんな笑い話を聞いた。

「勤続五年、十年、十五年の節目に本社に集まって、賞状と記念品いただけるんですよ。その記念品がなにか、っちゅう話なんですね。五年めの記念品が高級毛布。十年めが超高級毛布。十五年めが超超高級毛布。で、二十年めになると高級羽布団、二十五年めで超高級羽布団なんです（笑）。まだ若かったとき、『なんで布団なんや。もっとええもんあるんちゃうのかな』と思って、ある先輩に聞いたところ、『ちゃうねん、自分も会長に言うたことある。もっといいもんあげましょうよ、と。ほんなら会長が〈いや、ちゃうねん。うちの社員さんらっちゅうのは、ほんまにずっと、お店にへばりついて一生懸命働いてくれてる。せめて、家に帰って寝るときだけでもな、わし、ええ布団で寝さしてやりたいねん〉』。それ聞いて、もう文句言うんやめよう、と」

話してくださったのは長く勤めている社員である。

豚まんを通じて、社内が一心同体になっている。実際、廊下ですれ違うたび気さくな挨拶が行き交う、じつに家庭的な社風である。総社員数千三百人のうち正社員約八百人、しかもみな勤続年数が長い。毎月発行している社内報には、経営理念、毎月の社内トピックス、復習用の図解入り豚まんの包みかた、今月誕生日を迎えた社員紹介、慶事の報《しら》せ……バラエティ豊かな内容で、今年の春に通算四百号を迎えたというのだから頭が下がる。紙面には、社員全員が共有する「５５１蓬莱」のなごやかな空気が漂っている。

ところで、気になるのは本社内の工場である。難波本店を筆頭に、全六十一店へ運ばれてゆく生地とあんは、豚まんのかなめ。ぜひ見せてほしいと頼んでみると、「生地はその日のぶんだけ毎日こまめにつくります。もちろんぜんぶご覧ください」と、どこまでもあけっぴろげなのだった。

意外なほどシンプル、しかし、将棋の駒をぱちんぱちんと定め置くようにして、各所に独自の知恵と工夫が見てとれた。生地の材料は小麦粉、水、砂糖、イースト。水の温度は三種類を使い分ける。「オサエ」十度、「フツウ」二十度、「スグ」三十度。つまり、発酵の度合いが異なる生地が三種類ある。一番低い「オサエ」には、氷を混ぜて低温をキープするのもオリジナルな工夫である。勤続八年め、生地づくりの担当者の説明を聞いて驚いた。

「三種類の生地は、それぞれべつの店に運ばれます。工場から距離が離れている店舗には、発酵の進みが緩やかな『オサエ』、近隣の店舗なら『スグ』。日に一万個売る店と千個しか売れない店では、使う生地も違ってきます。いずれにしても、つねに安定した生地を供給することがだいじなんです。季節の変わり目は温度も湿度も不安定だから、気を遣いますね。つねに自分の手で触って感触を確かめて仕上がりを判断するのですが、もしおかしい生地を出したら店のほうからクレームが来ますし」

田中常務はこうも言った。

「生地はほんとにむずかしいんです。この嚙みしろ、この感覚をお客さまは求めてきてはんねんから、それを裏切ったらいかん。三種類の生地をつくるという発想かて、そのための工夫せなあかんやろう、というわけです。だから、セントラルキッチンから車で半径百五十分圏外には店舗を出しません。物流、温度管理、使用する時間、所要時間も考えたうえで店舗がある。と言うと、『遠方の物産展に出してるやないか』とおっしゃる方がいらっしゃいますが、違うんです。物産展のときはミキサーも粉もぜんぶ持っていって、朝六時過ぎからミキシングしてつくるんですわ」

けなげなほど一途なのである。

あんの材料は豚もも肉、豚ウデ肉、豚バラ肉、背脂。メキシコ産とカナダ産の肉をサイコロ状にカットするのだが、ちょっと大きめの五ミリ角が試行錯誤してたどりついた大きさ。蒸したとき、小さく固まってしまわず、食べごたえを出すためのサイズである。ひと口食べたとき、なかがだんご状に丸まって生地とのあいだに空洞ができていることほど哀しいものはない。ひと口食べたら、なかのあんがころりと取れてしまうのもしょんぼりする。「551蓬莱」の豚まんは、どこから食べてもあんが行きわたり、生地とあんが口のなかで混じり合うところに、おいしく食べてもらおうという親身な姿勢が伝わってくる。玉ねぎは主に淡路島産。

機械で大量の玉ねぎをサイコロ状にカットするセクションに入ると、とたんに目に染みて涙が止まらなくなった。こうして豚肉と玉ねぎ、醤油や胡椒などの調味料を合わせて練り、オリジナルなあんができあがる。

配送の工夫にも技があった。最終的に店舗で豚まんにするのが信条だから、店に日に三、四回、こまめに生地とあんを配送する。その日の売れ行きによって、店舗からあらたな発注が入ることもある。工場のなかで、機械を使って包餡して仕上げようかと検討したこともあったけれど、機械を使えば生地が空気を含む量が変わってしまい、むかしながらの「551蓬萊」の味は維持できないという結論になった。だから、生地とあんだけ工場でつくって各店で豚まんに仕上げる現在のスタイルに落ち着いたのだ。鮮度が第一、十四万個ぶんすべてその日のうちに売り切ってしまうというのだから、名実ともに食い倒れの町の頂点に立つ味である。

徹頭徹尾、庶民の味。気取りがなくて安いという意味ではない。つくる、売る、買う、食べる、すべてが同一線上で肩を並べたときに生まれる味。百七十円の豚まんにはお客への奉仕が詰まっており、それがおいしさとして食べる者に伝わっている。田中常務のぴかぴかの笑顔が思い出される。

「ほんまにええ味でしょう。しばらく食べへんと『うわ、豚まん食べたいわ』ということになる。食べへんかったら死ぬわけじゃないんですけど、なんや禁断症状が出ますなあ。なにか入れてんのか？　入れてへん、入れてへん。二つ食べてニコ、四つ食べたらニコニコ。六つ食べてニコニコニコや、いうてな（笑）」

黒板と筆ペン

へんなくせがある。メニューを読むとき、鼻の奥で「す」、と息を呑みこんで態勢を整える。背すじもしゃっきり伸びて読書の構え、やたら張り切っているように見えるかもしれない。メニュー、それもぐっと食欲に刺さるメニューを読みはじめると、ああこの感じ、やっぱり似ているなと思う。ずっと読みたかった本を手にしたときの、わくわくする気持ち。物語の扉に手をかけるときの気持ちにそっくりだ。

メニューを手に取って最初の一行に視線を落とす瞬間の静かな興奮は、本を開いたときの昂ぶりに等しい。手渡されたものがメニューと呼ばれていても、品書きと呼ばれていても、または一枚の紙でも、黒板でも、短冊に書きつけて壁に貼りつけてあっても、横書きでも、縦書きでも、おなじである。書きつけられた一行、つぎの一行、またつぎの一行、読み進むうちにどこかへ導かれる。

「ずいぶんうれしそうに読みますね。まだ食べてもいないのに」

向かいの席のひとに苦笑されたことがある。ずばり指摘されて赤面したが、ちょっとうれしくもあった。わかってくれてありがとう。一行め、二行め、物語に没入しかけていたのです。でも、察知してくれたあなたとはすごく気が合いそうだ。

メニューにはひとつひとつ、立ち現れる物語がある。小料理屋とか割烹あたり、女将さんがしたためた柳の葉のような筆遣いの品書きは随筆のように読めるし、居酒屋のメニューは豪放磊落な酔いどれ小説。血湧き肉躍る冒険譚が潜んでいることもある。定食屋の黒板書きの日替わりメニューは日記文学か。かと思えば店主の勤勉と誠意が滲むノンフィクションに遭遇するときだってあるし、ホラー小説にぶち当たってすごすご退散するときもある。そうこうしながらいろんなメニューを読むうち、確信めいたものが育ってきた。メニューは文学である。

小さなそば屋の壁に並んだ短冊に、毎度見惚れる。墨をたっぷり含んだ筆書きの太い字が整然と並んでいる。

もり 五〇〇円
かけ 五〇〇円
たぬき 六〇〇円
きつね 六五〇円
月見 六五〇円
とじ 六五〇円
ざる 六五〇円
大もり 六五〇円
カ 七五〇円

カレー　七五〇円
肉南　七五〇円
かしわ　七五〇円
けんちん　八五〇円
あんかけ　八五〇円

うつくしい日本語の連なりである。一編の詩だなあ、とも思う。艶やかで、堅牢で、しかし香りも風味も色彩も熱も湯気も伴って、行間から日本文化の色香と厚みが立ち昇る。愛想のひとつもないチェーン店のラーメン屋の品書きにも、煤《すす》と煙にまみれた焼き鳥屋の短冊にも、場末の飲み屋のメニューにも、それはそれなりの匂いや味が色濃く宿っている。

空腹を忘れて、またはグラス片手に舌なめずりしながら読み耽っていたいメニューがある。または、期待を削がれて途方に暮れるときもある。メニューの文学性とは、そのような両極のあいだに漂う気配の存在感だ。

表参道交差点から渋谷方向に歩いてすぐ、青山通り沿いのビルの地下に居酒屋「甚六」はある。開店は昭和四十九年。ビルの一階は現在はナチュラルハウスだが、当時は結婚式場。ちょうど東京の新しい街として青山が人気を集めはじめたころだった。地下一階のフロアの居酒屋やバーは当時からずっとおなじ、青山の洒落たイメージとはべつのちょっと古くさい空気にほっとなごむ。

小さな居酒屋である。がらりと扉を開けると、手前にテーブル席。奥に五席ほどのカウンター。そのカウンターのなかで肩を並べて仕事に精出しているのが店主の永谷敏行さん、息子の一成さんである。父は六十二歳、息子は三十五歳。敏行さんの親の代は魚河岸に魚屋を持っていたが、料理の道に進みたくて大学を中退して料理学校に進んだのち、結婚を機にこの場所に自分の店を持った。以来三十六年、「甚六」には根強いファンが通い続ける。わたしもそのひとりだ。

「甚六」はおいしい。居心地がいい。誰もが口を揃えて言うのだが、メニューを読むだけでそれを予感させるところに、この店の魅力の一端がうかがえる。十年前につくった特注の額ぶちつき黒板に白墨で手書きの文字がずらり、黒板の上下二段にぴっちり収まる全四十二〜四十三品、たとえば七月、その上段の右半分。

かつを刺身　７００円
玉子の稲荷揚げ　５５０円
ニラの玉子とじ　５５０円
れんこんの挟み揚げ　５５０円
なす挟み揚げ　５５０円
たこキムチ　５５０円

揚げ出し豆腐　５５０円
若どり唐揚げ　７５０円
豆腐サラダ　７００円
砂肝からあげ　５００円
なす生姜焼き　４５０円
じゃがいもにんにく炒め　５００円

下段の左半分。

青とうやっこ　５５０円
たことトマトのガーリックソテー　８００円
いかといかわたのバジルソテー　７００円
ししゃも　４５０円
青とうとソーセージの炒め　７００円
きゅうりの中華風たたき　５００円
ゴーヤチャンプル　７００円
小松菜のおひたし　３５０円
冷しトマト　４５０円

エシャーロット　４００円
油揚げのピッツア　７５０円
牛肉のたたき　７５０円

思わず膝を乗り出してしまう。何でもないように思われて、目が離せない。じつはみんなが食べたいものばかり。年齢や性別を問わず、こころに刺さるものばかりなのだ。ばらばらに見えながら一行ずつ、直球のおいしさが伝わってくる。

「甚六」のお客には、土地柄も手伝って、食べることが好きで味にも店にもうるさい向きが多いのだが、あるとき長年の常連客が焼酎片手に壁の黒板に目を走らせながら、ぽろりと口にしたことがある。

「『甚六』はほんとすごいよな。ふと『甚六』のことを思い出すと、瞬時に頭のなかにメニューがずらずら出てくるんだよ。ひとつずつ味もきっちり浮かぶ」

おれ、「甚六」マジックと呼んでるんだよ、とその常連客は言い、さらにつけ加えた。

「それでじっさい店に来るだろ、すると、食べたかった味がぴたりと出てくるの。長年通っていつもそう。よく考えたらすごいことだよな」

メニュー自体が先導役になっているのである。店というものは、具体的であればあるほど存在感がくっきりする。また、「甚六」の料理には奇を衒ったところがない。工夫があっても、よけいなひねりがない。へんに攻めてこないから、こちらも肩のちからが抜けてくる。料理自

体に緊張を解きほぐしてくれる安心感があるのだ。つまり、居酒屋の本分を果たしているということ。

そんなふうに言うと、

「そうかなあ、あんまり意識してないんだよね。三十六年のあいだに少しずつ増えて、人気のないものは消えてって、季節ものの煮込みや鍋はそのときごとに入れるでしょ、結果的にいまの内容に落ち着いたんですよ」

ごくあっさりとした口調で、敏行さんが言う。

「自分でつくっていて楽しくないメニューも消えるなあ。でも、黒板から消したいと思っても、人気があるとやっぱりね。鶏とにんにくの塩炒めとか、たことトマトのガーリックソテーなんか、忙しいときに手間がかかるから面倒なんだけど、人気があるからやめられなくてね」

とはいえ、三十六年の歳月を背負ってきた黒板の表情は厚みがたっぷり、独自のこくがある。行間にふくらみがある。こういうのを食べさせ上手のメニューという。

開店したころからの三十年選手は四つ、いまも健在だ。玉子の稲荷揚げ、さばの竜田揚げ、れんこんの挟み揚げ、揚げ出し豆腐。なかでもさばの竜田揚げは、敏行さんが子どものころだいすきだったおふくろの味。袋にした油揚げに玉子を落として揚げる稲荷揚げは店の看板メニューのひとつだし、こりっと歯ごたえのいいれんこんの挟み揚げは酒の肴にもってこいの定番だ。どっちも当時から五十円しか値上げしていない。

四十数品並んでいると、支持の違いが歴然と出る。

「男性のお客さんは若どり唐揚げ、若どりの香り揚げ、砂肝からあげ、じゃがいもにんにく炒め、青とうとソーセージの炒め。女性でもそう変わらないけど、とくに人気があるのはたことトマトのガーリックソテー、春菊とちくわのナムル、油揚げのピッツア、いかといかわたのバジルソテーあたりかな」

男性客は保守派、女性客は新規開拓派。女性好みの料理はどれも、ここ数年のうちに新しくつくったものばかり。久しぶりに登場した新メニューは、油揚げのピッツアである。油揚げにトマトソースを塗ってチーズをのせ、ホイルの上でこんがり焼くのだが、「甚六」らしい気さくな味があっという間に話題になった。どれもちゃんと女性に受けるところに、敏行さんのセンスのよさがある。じつは、開店当時は刺身や焼きもの、天ぷらなど割烹で出すような魚料理が多かったけれど、生鮮ものは値段が張る。二十年ほど前、客層が若い青山の土地柄に合わせて、思い切ってやめた。そのかわり、いわしの丸ぼし、ブロッコリー帆立マヨネーズ、酢ごぼう、小松菜のおひたし……ほどよく肩の力を抜いた料理をさりげなく配しているから、メニューの顔つきがなごやかなのだ。

「甚六」の黒板メニューには大きな特徴がある。

ばらばらなのだ。独立した一行ずつの集合体といえばよいかしら。つまり、料理のジャンルに区分けされておらず、統一感を気にしない。いかといかわたのバジルソテーの隣に、ししゃも。ジャガマヨの隣に、若どりの香り揚げ。さばの竜田揚げの隣に、酢ごぼう。

「いやーなにしろ黒板だからね、消したあとに書いていたらあっちこっち散らばって、自然にこうなっちゃった」

のんびりした返事です。あっちに揚げものがあり、こっちにもべつの揚げものがある。「初めてのお客さんは、メニューを見てもなに頼んだらいいのかわからなくなっちゃうみたいで」

混沌のなかに「甚六」の味わいがある。あちこちページをひっくり返しながら、少しずつ「甚六」の味ににじり寄るのだ。とはいえ、メニューの書き方にはプロの工夫がちゃんとある。視線が集まる両サイドには、その日に出したい生鮮ものが一、二品。下段左端は常連客のおたのしみ、ピンク色のチョークで書かれる週替わりの一品の定位置。値段は青山の一等地にありながら平均五百五十円から六百円、とびきりリーズナブルだが、これも全体のバランスで決めた。どれも親しみがあるのに、記憶に残るはっきりとした味。とうぜん酒も進む。飲むうち、またメニューに引き戻されて――。

手書きのメニューには、胃袋をわしづかみにされてしまう。店とお客の垣根を取り払い、勝手口で立ち話をしているような親近感もいっしょに伝えてくる。ただし、手書きであればなんでもいいというわけにはいかない。やっぱり気を引く文面というものがある。

吉祥寺「酒とお食事　ＭＩＹＡＵＣＨＩ」の筆ペン書きのメニューも、すばらしい。まず日付ではじまるところからして、そそられる。Ａ４の紙に上下二段、料理名と値段、それぞれの行の頭がぴちっと合って整然と見やすく、字間も行間もほどよく空きがあり、読みやすい。すっ、すっ、と視覚に飛びこんでくる気持ちのいい文字だ。九月十四日、店主の宮内映志さんが今日のメニューを書くところを見せていただいた。

おや、上段のおわりの行から書くんですね。なるほど、左から右へ書けば筆の字が汚れない。宮内さんは背筋をぴっと正して左手を紙に置き、集中した表情で一行ずつ書き進めてゆく。

とり天　７００円
砂肝南蛮　６００円
せせり唐揚　６００円
手羽元レッドカレー焼　６００円
鶏ローズマリー焼　６００円
鶏トマト煮込　８００円
白レバーペースト　５００円
鶏肝燻製　５００円

食感も香りも味もぜんぶ違う巧みな鶏料理のつぎは、豚肉やもつ料理。「ＭＩＹＡＵＣＨＩ」のメニューは上段に魚、肉、下段に野菜、ごはん、デザート。それにしても整然とした字には歪みもズレもない。定規も当てないのに、みごとなものである。

「四年半毎日のように書いてると、できるようになるんですよ。筆ペンって、下手でも格好がつく。毎日書くのも面倒っていえば面倒ですけど、メニューを固定すると売りたくないものも書かなきゃならなくなってしまうから。じゃあ迷っているより、その日ごとに書こうと」

当初は二十品くらい、少しずつ増やしていった。ひまな日が続くと時間があまってどんどん仕込みに費やすからメニューが増えたこともあったけれど、開店四年半、いまは五十品前後に落ち着いた。

わたしが初めて「MIYAUCHI」を訪れたとき、メニューを手にしてまっさきに反応したのはあじフライ、ちくわとはんぺん磯辺揚げ、牛すじ大根、ポテトサラダだった。メニューは信号を発信するメッセージボードだ。メニューのなかに混在するこれら四つの料理名が、ふつうの素材、ふつうの料理をきちんと丁寧につくりたいというメッセージを伝えてよこす。そしてもちろん、予感ははずれなかった。

「MIYAUCHI」のメニューには、微妙なバランス感覚がある。エビマヨやアボカド明太チーズはあるけれど無国籍料理に傾かず、鶏ローズマリー焼や鶏トマト煮込はあるけれど洋風に傾かず、もつ鍋や揚げだし豆腐、味噌キャベツはあるけれど居酒屋に傾かず、かつおのたきやいなだの塩焼きはあるけれど和風に傾かず。

「ぜんたいに統一感を出しちゃうと、かえっておいしくなくなっちゃうかなと思って。最初は洋食屋さんなの、和食屋さんなの、ってよく聞かれましたが、あんまり気にせず、ちょっとずつメニューを固めていったのがよかったかもしれません。定番だけれどごちゃまぜ、おいしければいいんじゃないか。こだわらないようにする、っていうこだわりでしょうか」

お客さんが偏るのはいやだから、いろんな年齢層のひとに来てもらいたいという気持ちも、

「定番だけれどごちゃまぜ」に託している。

メニューの最後、一行空けて続くごはんの項目に独自の味が弾けている。

マカロニグラタン　６００円
チーズとトマトのクレープ　５００円
ドライカレー　７００円
明太子バターライス　７００円
炒飯　６００円
焼そば　醬油味　６００円
たこごはん　４００円
鰯つみれ汁　５００円

さんざん迷ってしまう。食べる喜びを知っているメニュー、選ぶ楽しさをわかっているメニューなのだ。宮内さんは言う。

「できれば、ぜんぶ自分で食べたいってメニューが理想です。そしてメニューのうち二十品を毎日変えられたらすばらしいなと思います」

でも到底むずかしくて、と遠慮がちに言う様子を見ながら、いつかこの店にはそんなメニューが登場するような気がした。九月十三日のメニューを見せてもらうと、マカロニグラタンの前の冒頭一行めに「フォッカッチャ　２００円」とあった。きのうはフォッカッチャがあったんですね。

「ええ、でも今日はないです。フォッカッチャを焼くやつがいるんですが、そいつがいないとメニューにはないです（笑）」

メニューは、だから、店の歩みから事情まで投影されているドキュメンタリーでもあるだろう。

メニューには、物語のはじまりがある。何度読んでもそのたびに興奮して、ずっと読んでいたくなる、そんなメニューに逢いたい。

■そこに立ち食いそばがあるから P130

よもだそば　日本橋店
東京都中央区日本橋 2-1-20
八重洲仲通りビル 1F
TEL 03-3273-0505

そば作
東京都港区新橋 6-14-4
新橋木嶋ビル 1F
TEL 03-3431-8102

田舎そば　かさい
東京都中野区中野 5-63-3
TEL 03-5380-4030

■「立ち食いそばには『ナンバーワン』がない」 P151

そば千
東京都千代田区東神田 1-17-4
三協ビル 1F

■趣味のお茶漬け P173

茶漬　鹿火矢
東京都港区新橋 2-9-13
TEL 03-3591-8042

日本橋だし場
東京都中央区日本橋室町 2-2-1
コレド室町 1 1F
TEL 03-3241-0968

■新橋駅前の楽園で P187

ニュー新橋ビル
東京都港区新橋 2-16-1

■ホットケーキとパンケーキ P205

万定フルーツパーラー
東京都文京区本郷 6-17-1
TEL 03-3812-2591

APOC（アポック）
東京都港区南青山 5-16-3-2F
TEL 03-3498-2613

■豚まんが愛される理由 P222

551 蓬莱　本店
大阪府大阪市中央区難波 3-6-3
TEL 06-6641-0551

■黒板と筆ペン P239

甚六
東京都港区北青山 3-6-18
共同ビル B1
TEL 03-3407-8126
（2016 年 1 月に移転予定）

MIYAUCHI
東京都武蔵野市吉祥寺南町 2-4-6
田中フラット 1F
TEL 0422-43-8334

店一覧

■シチューと煮込み P005

銀之塔
東京都中央区銀座 4-13-6
TEL 03-3541-6395

山利喜　本館
東京都江東区森下 2-18-8
TEL 03-3633-1638

■道頓堀の品書き P022

たこ梅　本店
大阪府大阪市中央区道頓堀 1-1-8
TEL 06-6211-6201

■ちょっと大衆酒場で P036

鯉とうなぎのまるます家 総本店
東京都北区赤羽 1-17-7
TEL 03-3901-1405

川栄
東京都北区赤羽 1-19-16
TEL 03-3901-3729

立ち飲みいこい　支店
東京都北区赤羽南 1-5-7
TEL 03-5939-7609

■キッチンカーでランチを買う P057

有限会社アジアンランチ
神奈川県川崎市中原区苅宿 42-18
TEL 044-422-5960

■かつサンドの秘密 P076

肉の万世　秋葉原本店
東京都千代田区神田須田町 2-21
TEL　0120-4129-01

■夢のかたち P092

ライオンシェア
東京都渋谷区代々木 3-1-7
TEL 03-3320-9020

ニューキャッスル
東京都中央区銀座 2-11-1
銀座ランドビル Ｂ１Ｆ
TEL 03-6264-0885

■だからジューススタンド P108

ぴーまん
東京都新宿区新宿 2-2-1 ビューシティ
新宿御苑ビル１Ｆ
TEL 03-3341-9472

遠藤青汁サービススタンド　渋谷店
東京都渋谷区渋谷 1-12-16
TEL 03-3407-1134

須賀屋ジューススタンド
東京都中央区日本橋人形町 1-16-6
須賀ビル 1F
TEL 03-3666-9724

平松洋子 Yoko Hiramatsu
エッセイスト。東京女子大学文理学部社会学科卒業。国内外の料理や食、生活文化などをテーマに幅広く執筆活動を行っている。『買えない味』で第16回Bunkamuraドゥマゴ文学賞受賞、『野蛮な読書』で第28回講談社エッセイ賞受賞。近著に『ひさしぶりの海苔弁』『洋子さんの本棚』などがある。

味なメニュー

2015年11月10日 第1刷発行

著　者　平松洋子
発行者　見城 徹

発行所　株式会社 幻冬舎
〒151-0051　東京都渋谷区千駄ヶ谷4-9-7
電話　03（5411）6211（編集）
　　　03（5411）6222（営業）
振替　00120-8-767643

印刷・製本所　株式会社 光邦

検印廃止

ISBN978-4-344-02851-7　C0095
幻冬舎ホームページアドレス　http://www.gentosha.co.jp/

この本に関するご意見・ご感想をメールでお寄せいただく場合は、
comment@gentosha.co.jp まで。